わが忘れえぬ人びと

縄文の鬼、都の妖怪に会いに行く

山折哲雄

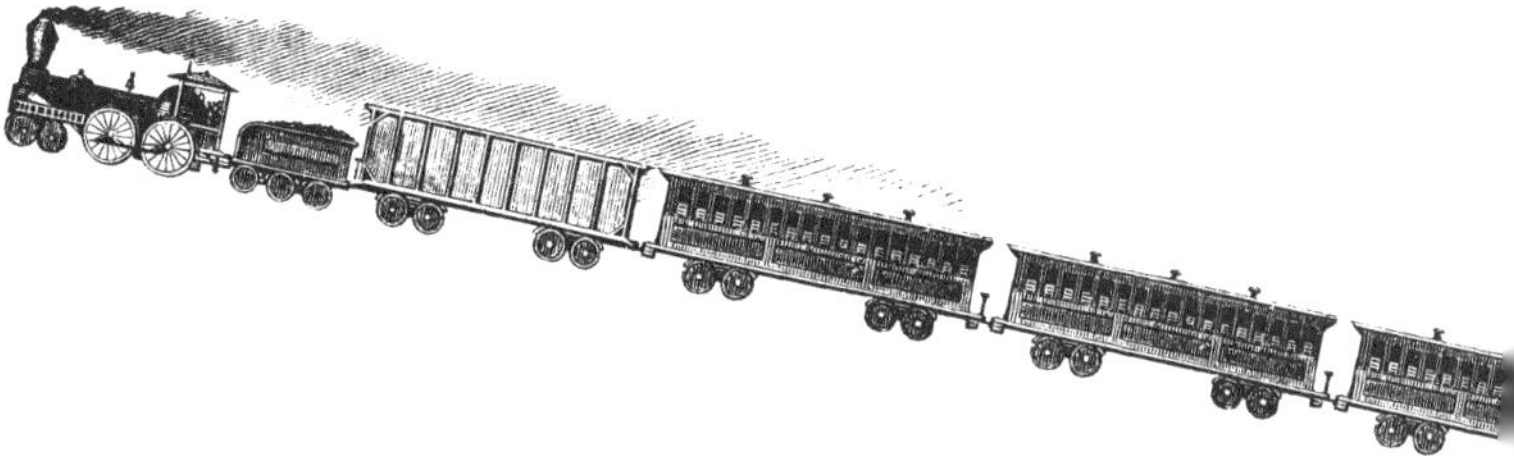

中央公論新社

まえがき

コロナ禍が広まり、ウクライナ戦争がはじまってから、芸術家とか宗教家とか、そんな輪郭のはっきりした人間はもうどこにもいなくなったのではないか、そう思うようになった。

文学者とか科学者というのもそんな殻に閉じこもることができなくなっている。哲学者というのも歴史家というのも、自分とはいったい何だったのか、と疑問にとりつかれはじめているだろう。

コロナ禍とウクライナ戦争が、一挙にそのことを告知してしまったというほかはない。

私はこれまで、小学校は東京、中学・高校は岩手県花巻、大学は仙台で過し、そのあとはふたたび東京に出て、やがて京都に移りその地にほぼ三十年住んで、今日に及んでいる。

最終的に京都に落ち着いたのが昭和六十三年（一九八八）で、昭和天皇が亡くなり、美空ひばりが世を去る前年だった。京都で過したのは平成から令和にかけての時代だったといっていい。

このようにみてくると、私の人生は旅の明け暮れだったようにも映る。遊びながら、ただ遍歴していたようにもみえる。何者にもなれずに、ただあがいていた姿が浮かびあがってくる。

いつも逃げだす用意をからだのどこかに残して生きていたような気もするのである。しかしもちろん、そんな暮らしがいつまでも許されるはずはなかった。移動と転職のくり返しがはじまっていたのだ。失意と愉悦、挫折と船酔いのくり返しだったような気もする。

そんな不安定な生活のなかで眼前にあらわれてきたのが、わがふるさとの宮沢賢治、青森の棟方志功、同じく東北・山形の土門拳の三人の存在だった。

なぜ、そんなことになったのか、はじめはそれが謎だったが、やがて腑に落ちた。

その三人が三人とも「何者」であるかわからない、不穏な人物であることがすこしずつみえてきたからだった。そのうち、その三人が、そもそも「何者」かになろうとはしない人間であることに、ふと気がついたのだ。

その謎の扉を開けてくれたのが、宮沢賢治である。かれはその人生の終りに、自己のことにふれて「デクノボー」と呼んでいた。「デクノボーになりたい」といって、死んでいった。そういって短い人生を終えていた。

かれは、「自分は何者かになることを選ばない」といって死んだのだ。それが「私はデクノボーになりたい」といって死んだ賢治の最後の真意だったような気がしてきたのである。

賢治が扉を開けて光が射したとき、その向うの雲間に棟方志功、土門拳の二人のシルエットが浮かび上がっていたのだ。今から考えれば、不思議な縁だったというしかないが、私は二〇〇五年になって、『デクノボーになりたい——私の宮沢賢治』（小学館）を書き上げていた。京都に移ってしばらくしたころだった。

「何者」にもなろうとしない存在、それは縄文の鬼、その鬼の世界はどんなものか、どんな生活がそこではくりひろげられているのか、そんな不安定なコトバが胸の奥に点滅するようになっていた。

棟方志功とは何者。

土門拳とは何者。

いつしか縄文の鬼を追跡するような気分にとらわれるようになっていたのである。すでに東京の頭越しに、時ならぬ気候変動が発生していたのかもしれない。東京から京都に誘ってくれたのが梅原猛さんだった。仲間に入らないかといったのが河合隼雄さんだった。

まだイメージでは定まってはいなかったが、お二人とも私の目には、枠にはまらない、どんな型にも溶けこまない、茫漠《ぼうばく》たる存在にみえていた。

けれども、それこそが何よりの誘い水だった。東北出自の縄文鬼たちに通ずる、思わぬ地下水脈となっていた。

私がたどりついた仕事場が、京都西郊の丘に建つ国際日本文化研究センターだった。各地から集まってきたスタッフがビルの一室をかりて仮住まいし、やることなすこと枠のようなもの、制約のようなものは一切なかった。

われわれはいったい何者——そんな問いからはじまっていたような気がする。

何者になってもよい、それが不文律だったのかもしれない。現場にはそんな雰囲気がはじめから漂っていたのだ。

梅原さんはそんな現場の親玉だった。みごとな大将だった。忘れがたい思い出がある。

あるとき、三々五々集まったわれわれの前で、「みなさんは、ひとりひとり羅漢である」と大声を発したのだ。これがやがて仕事場の壁を突き破り、世間に流出していく。このときは想像もしなかったのだが、梅原さんははるか後年、その晩年になって、「オレはホトケになる」と述懐するようになった。ああ、オレはその仏弟子の一人になっていたのかと、首をかしげたのだった。

それがやがて、たんなる冗談ではない、駄洒落ではない、梅原さんの本音だったことを知って私は驚いた。

ああ、この京都にも鬼がいると思ったのだ。縄文鬼が存在していたのかと舌を巻いたのだった。

日本の仏教はよく往生といい、成仏という。つまるところ、その要諦は「ホトケになる」ということではないか。ところが日本の仏教徒は死んだ人間を「ホトケ」とはいっても、自分が「ホトケ」になるとはいわない。謙虚であるのか、勇気がないだけなのか、その境目もはっきりしない。

梅原さんはそんな常識の壁をはじめから破っていたのかもしれない。

そんな時節だったと思う。もうひとつ、京都の空には変幻自在の舞を舞う人がいることに気がついた。ときに布袋《ほてい》の笑いをふりまく。いつのまにかシテのような、ワキのような舞を舞っている。自称「日本ウソツキクラブの会長」と宣伝し、いつでも物語の主人公になりすましている。そして無意識世界の主人公然としている。

河合隼雄さんである。

われわれの仕事場にはつかず離れず、絶妙な距離感を保って並走していたような気がする。

さきの梅原さん、こちらの河合さん。その二人ははたして何者なるや、その妖怪性が定め難い、その発する言葉が鬼のそれに似てつかみ難い。いつしか、棟方、土門の「縄文の鬼」、梅原、河合の「都の妖怪」。それが磁石に吸いつけられる砂金のようにみえてきたのである。むろん鬼は妖怪の変幻、妖怪も鬼の分身——同血や師弟の縁を絶っていることはいうまでもない。かれらは「何者」にもならない、と意志する人間たちだからである。

そして私のそのような目論見の核のところに、あの宮沢賢治の「デクノボー」が居座っていたことを告白しないわけにはいかない。「オレは何者にもならない」という意志の具現が、この「デクノボー」ではないか、というのが本書執筆のはるかな動機になっていたからだ。

さきにもふれたが、私は二〇〇五年に「賢治のデクノボー」論を書いている。それ以来、今日までもう二十年弱もの歳月が経ってしまった。それが今度の、わがままな磁石による砂金探しの企てにつながったのかもしれない。

私の胸の内をさらにいえば、これは従来型の「人物論」や「人物伝」ではないという気持があった。この人物は何者だったのか、という謎を解いてみたい、そういう欲求にかられた「人間図鑑」にしてみたい、そうも思っていた。

今いった「デクノボー」論を書きあげたころのことだったと思う。それまでの私の仕事を見て、河合さんが、

「ああ、銀河鉄道各駅停車だね」

とつぶやくようにいわれたことがあり、それが耳の奥にのこっていた。その声が今

回、ときどき私の脳中に蘇《よみがえ》ってきていた。

以来、頭の中に「人間発見図鑑」「銀河鉄道各駅停車」の二つのタイトルが出没し、点滅するようになってもいたのである。


ところがそんな企てを思いついたころ、われわれを取り巻く環境には思いもかけない異変がおこっていた。ＡＩ（人工知能）の想像を絶する発展だった。その技術の進歩が異様な速さでわれわれの生活の足下を襲いはじめている。

それは、まさにシン・ゴジラの襲来に似ていたのだ。

人工知能の進化にはじめて驚いたのは「アルファ碁」という人工知能が囲碁という勝負の世界に登場したときだった。世界ナンバー1と称される柯潔《かけつ》九段（中国）、朴《パク》廷桓《ジョンファン》九段（韓国）、井山裕太六冠（日本）らを、ハンディなしの互先《たがいせん》でつぎつぎに破ったというからおそれいる。

これは話のほんの入り口だった。人工知能を搭載するロボットはやがてヒトの喜怒哀楽を数値化し、ものごとの善悪を理解して自我や意識の領域に進出し、こころをもつロボットへと進歩していく。それどころか英国などではセックス・ロボットまでが誕生してヒトと結婚するだろうとまでいう。

そんな機能をディープラーニング（深層学習）で教えこむ。そしてこのような未来予測のポイントをシンギュラリティ（技術的特異点）と称するらしい。

私などには何が何だかわからないが、四十年ほど前、最先端のロボット研究者といわれた方と対談したことがあった。そのとき耳にしたことがいまだに忘れられない。科学の領域には不可解、不明のことが多いが、技術の辞書には不可能の言葉はない、と。

現代の技術はまさに神の領域に手をつっこみはじめたと、ひそかに舌を巻いたものだ。それが今日、疑いもなく現実になっている。

最新の技術が、あろうことか神探しをはじめているらしいのだ。この直観が私をいささか興奮させた。ふり返ると現世人類は神殺しに手をつけてからすでに久しい。ところがかれらは、このような神不在の時代に早くも退屈しかけているのかもしれない。古びた無神論の殻を打ち破って、メタリックな響きを発する新しい神創造の野心に挑もうとしているかにみえるからだ。まるで大人と子どものため、最後にのこされた夢の楽園にすがりつこうとしているかのようだ。

もっともそこに不気味な不安材料がないわけではない。それが二方面から浮上してくる。一つはその道の専門家たちもいうように、ヒトがロボットを好きになれるようにロボットもヒトを好きになれるだろうか、という疑問だ。

たとえばヒトの世界では、好きだから一緒にいるのか、一緒にいるから好きになるのか判然としない。ロボットとヒトの関係も、最後はそのようになるのが望ましい。それはおそらく、ヒトとAIがこころを通わせる日がいつごろくるだろうかという未来予測と不可分に結びついている。

そのときには、両者の皮膚感覚までが同一の水準に達しているのだろう。ヒトとロボットが皮膚感覚とこころを共有したとき、その二人はおそらく「いのち」の感覚を手にするわけであるが、そのようなときがはたしていつくるのか。

ここであえていえば、一神教や多神教にあらわれる神の場合は、パワー（威力）や観念を付与することでAIを一種のGODと扱うことができるだろうけれども、アニミズムの世界にみられる「いのち」の感覚までを植えつけることはかなり困難ではないか。

つまり、「パワー」をめぐる一神教や多神教の神は最新の技術を駆使してつくることができるかもしれないが、それより根源的で、しかも普遍的な「いのち」の創造ということになれば、話は別ではないか。

もう一つ。最新技術が開発するであろう未来バージョンとして、一方で余暇と快楽の分野をかぎりなく広げていく代りに、他方ではヒトの社会から多様な仕事と労働の楽しみを奪い、予測不能のカオスをもたらす。そのカタストロフを眼前に、ふたたび第二の神殺し、この狂気を発しかねないAIを破壊する大作戦を展開するハメに陥るというシナリオだ。形をかえた無神論的終末（？）の危機が訪れるというわけである。

歴史はくり返す、というほかはない。神殺しと神探しのくり返しである。それがサル社会から離脱したヒト集団の避けることのできない運命なのかもしれない。

知られているように、『サピエンス全史』を書いて世界をあっと驚かせたユヴァル・ノア・ハラリ氏は、ふりあげた拳をさらに高く掲げて矢継ぎ早に『ホモ・デウス』を著した。

この書の映像版（ホモ・デウスDVDブック、宝島社）に付記された要約惹句には、こんな文章が顔をのぞかせているのである。

餓死するより過食で死ぬ人が多くなった。感染症で死ぬ人より老衰で死ぬ人が多くなった。戦争や犯罪、テロで死ぬ人より自殺で死ぬ人が多くなった。そしてヒトは神の力を手に入れようとしている！　この虚構の上に成り立つ神のごとき技術に遭遇したとき、社会にはいったい何がおこるか。ヒトの運命にどんなことが襲ってくるのか。それでも「ホモ・デウス」は生存可能なのか。

ちょっと待てよ、それでいいのか。地球の運命とわれわれの未来をそんな風に預けてしまって大丈夫か。

たしかにこのホモ・サピエンス（人類）は、今から二十万年前にアフリカで誕生し、「進化」という名のもとに気の遠くなるような道を歩いてきた。けれどもそれはしょせん、細い針のような道で、数知れない生き物たちの、大量死と犠牲の上にわずかに生き残ったものたちの道だったのではないか。あの旧約聖書の冒頭に語られる「ノアの方舟」の物語のように。

その「救命ボートと大量死」という物語にどこか似ているのだ。進化・発展といいながら、どこかから退化、沈衰というもうひとつの不気味なコトバが歴史の裏側から浮かび上がってくる。進化・発展がじつは幻像で、ほんとうは退化・沈衰のプロセスだったのではないか。

その退化・沈衰のはてにＡＩ神が誕生することになったのではないだろうか。その技術が開発される過程では、無数の怪獣たちも死に絶えていった。それをわれわれ地球人を代表する科学者や技術者たち、そして哲学者たちは何と呼ぶのだろうか。

本書にとりあげた縄文の鬼、都の妖怪たちはこのような進化と退化のあわいにあって立ちどまり、考えつづけ、行動しつづけたレジェンドたちだったと私は思っている。そんな苦境の真ん中にあって、自己とは「何者」かと問いつづけた人々だった。

かれらは、いったい何者？

そういう問いを掲げながら、どうかこのまことに小さな銀河鉄道各駅停車にお乗りいただくことができれば、私にとってこれ以上の幸いはないのである。

装幀　重実生哉

わが忘れえぬ人びと――目　次

わが忘れえぬ人びと

——縄文の鬼、都の妖怪に会いに行く

（1970年、読売新聞社）

一、棟方志功

板を彫る

棟方志功

（むなかた しこう）

明治三十六年（一九〇三）青森市生まれ。高等小学校卒業後、家業を手伝い、また青森地方裁判所給仕をしながら絵を描き始める。大正十三年（一九二四）に上京。昭和三年（一九二八）、板画の道に入る。同年、油絵が帝展に初入選。昭和十三年（一九三八）、板画『善知鳥』で新文展特選となる。昭和三十年（一九五五）、サンパウロ・ビエンナーレ展版画部門で最高賞を受け、翌三十一年（一九五六）には、ヴェネツィア・ビエンナーレ展で国際版画大賞を受ける。昭和四十年（一九六五）に朝日文化賞、昭和四十五年（一九七〇）に毎日芸術大賞を受ける。同年、文化勲章を授与される。昭和五十年（一九七五）九月死去。

血噴きの仕事

棟方志功は、明治三十六年（一九〇三）九月五日、本州の果てになる青森市に生まれた。

その誕生したときの様子を、かれは自叙伝の『板極道《ばんごくどう》』（中公文庫、一九七六）の冒頭で、つぎのように書いている。

　生まれたときは、泣き声が大きくて、近所では鬼でも生まれたのではないかといったそうです。泣いて泣いて一晩中泣き通しました。わたくしの声の大きいのは、どうやら生まれながらのようです。

　この土地は、「やたら禅宗」といって、寺院の数がやたらに多いのです。弘前には禅宗（曹洞宗）の寺院が三十三も一カ所にまとまってあるので全国でも有名ですが、昔は侍衆は禅宗でしたので、寺院は侍格の待遇だったそうです。津軽家が禅宗だから、藩中がそれに従ったのでしょう。

棟方志功の祖母は天保三年（一八三二）の生まれで、八十九の歳まで生きたが、信心深い日常を送っていた。そんな祖母との暮らしがかれのからだに浸みこむようになる。字は一字もわからないので、新しいお経本を買ってくるといつも孫の志功に読んでくれという。それで読んでやると、一銭二銭と小使いをくれ、そのうち祖母はちゃんとそれを覚えていたのだという。

鬼の子が、経読む子どもになっていたのである。

だがその後の棟方志功の人生は、三転四転の変遷をくり返す。

後世からふり返ると、人の道を歩いていったのか鬼の道に踏みこんでいったのか見極めのつかない光景が、つぎからつぎへとあらわれてくるのだ。

たとえば、こんなこともあった。

かれの父は青森の刃物鍛冶《かじ》だった。それで子どものころから、その仕事を叩きこまれていた。

あるとき、父を手伝って赤鉄を運んでいる途中、それを土間に落としてしまった。

気性のはげしい父に、

「このど間抜けめ、自分の手でつかんで入れろ」

と怒鳴られ、ついその赤鉄をわしづかみにして水槽に投げ入れた。手の肉がどろどろに融《と》けてしまった。

それを見た父は、

「こいつは、うっかりしたことはいえない」

といって、ぼろぼろ涙を落として泣いたという。

もう一つ、かれには忘れられない母の思い出があった。

貧乏世帯をやりくりして、四十二歳の若さで逝った母、父のわがままと打擲《ちょうちゃく》に耐えつづけた母である。

出棺のとき父は、

「さだ（注・棟方志功の母）！　コイで最後だ。ウット泣げ、ウット泣げ」

と叫び、棺の蓋《ふた》の釘《くぎ》をやたらに打ちつづけて、哭《な》いた。その父もそれから三年後、五十二歳でこの世を去った。

このような少年時の体験が、その後のかれの人生と仕事にどのような影を落とすことになったのか。そのつながりはよくわからないのであるが、昭和十四年（一九三九）になって、かれはこんなことをいっている。

「おい、棟方、お前は泣いて仕事をしていちゃ駄目だぞ。泣いて生まれる程のものは知れているぞ」

といわれて、度肝を抜かれたのだという。それ以来、よし、オレは「泣《なき》」のない仕事をしていかなければならない。涙を血に換えて描いてやろう、それで自分の生地を噴出させよう、それこそまさに「血噴きの仕事」ではないか、と思うようになった。

「二菩薩釈迦十大弟子」

棟方志功の仕事をみていて、つくづく思う。

棟方志功の前に一人の師なく、棟方志功の後に一人の弟子なし、と。そんな科白《せりふ》が自然に浮かぶ。むろん、そのような独立独歩の人間が、かつていなかったわけではない。けれども棟方志功ほど、そのような科白が無理なくほとんどぴったり当てはまる人間もそうはいないのではないか。

よくよく考えてみれば、棟方志功の前に一人の師なしといったのは、かれが生まれながらにして師の存在の必要をみとめないたちの人間だったからかもしれない。もしかするとかれは、そもそも師ということの意味を知らなかったのではないか。

かれの板画に、よく知られた「二菩薩釈迦十大弟子」というのがある。昭和十四年（一九三九）、三十六歳のときの作品だ。上野の博物館で興福寺の須菩提《すぼだい》をみて、釈迦の十大弟子をつくることを思いついた。はじめ屏風仕立てで十人の弟子たちをつくったが、落ち着きが悪いということで、さらに左の端に普賢《ふげん》菩薩、右の端に文殊《もんじゅ》菩薩を配して六曲一双の屏風「二菩薩釈迦十大弟子」とした。

なるほど十大弟子の一体一体は、モデルとされた興福寺の乾漆造り、須菩提像とよく似ている。興福寺のが高さ百四十七センチであるのにたいし、板画の方は約百センチで、同じように等身大に近いものをねらっていたことがわかる。だが似ているのはそこまでで、弟子たちの表情はまるで違っている。

興福寺の須菩提像は清らかな童顔をして立っている。ふっくらした頬をし、涼やかな瞳を前方にそそいで穏やかな表情をしている。かれは十大弟子のうちで「空」をもっともよく解したという。争うことがなく、怒ったことがない弟子だった。それにくらべるとき、棟方志功の十大弟子は、別世界の人間がこの世間に躍りでてきたような

勢いを示している。喜怒哀楽をはげしくつつきだしたような顔をしている。

棟方自身は、弟子の一人ひとりがどんな性格の人間であるかをまったく知らなかったという。舎利弗《しゃりほつ》と目犍連《もくけんれん》の別を知らず、むろん須菩提と阿難《あなん》にまつわるエピソードも知らない。十人の弟子たちがかれの脳裡《のうり》に映る個性的な人間に描き分けられているだけといっていいようなものだが、これにつけ加えられた文殊と普賢の二菩薩が棟方好みの女人の姿になっている。嫣然《えんぜん》と笑う豊満な顔、片肌ぬぎになったからだから立ちのぼる色気も、棟方流の女人讃歌のパターンだ。興福寺の須菩提像とは似ても似つかぬ世界の扉を開けてしまったというほかはない。

この「二菩薩釈迦十大弟子」が昭和十四年につくられたときはあまり注目されなかったが、戦後の昭

棟方志功「二菩薩釈迦十大弟子」（棟方志功記念館蔵）

和三十年（一九五五）になってサンパウロのビエンナーレに出品され、グランプリを獲得した。以後かれの名が急激に国際的に知られるようになった。

私は長いあいだこの作品に親しんできたつもりになっていたが、あるときふと気がついて、妙な気分に陥った。というのも作者によって「二菩薩釈迦十大弟子」と称されているにもかかわらず、そこには肝心かなめの「釈迦」がでてこないからだった。ここでいう「釈迦十大弟子」は釈迦と十大弟子のことではなく、たんに釈迦の十大弟子だったということだ。

棟方志功にとって、釈迦の存在などはじめから念頭になかったのではないかと思ったのである。棟方自身、その『板画の道』（宝文館、一九五六）のなかでいっている。

……制作するときは、どれが須菩提で、どれが目犍連か、そういうことはひとつもわからずにつくりました。唯、十人の釈迦の弟子の風体をした人間をつくったのです。……あらゆる顔、形、あらゆる人を十に彫ってみたいと思ったのです。……仏に近づきつつある人間の姿を描いただけで、下絵も描かず、板木にぶっつけに筆を下ろしました。

十大弟子は、右左のむきあい、衣の白と黒が、丁度五人ずつ出来ていますが、それもはじめに意識したことでなく、できあがったものが、そうだったという事を人から聞かされて、びっくりしました。

よく引かれる文章であるが、ここからだけでもかれがはなから釈迦という存在を問題にしていなかったことがわかる。釈迦の存在どころではない。その十大弟子にしたところで、人間の百面相を描くための道具にされてしまった感がないではない。

棟方板画の「師殺し」

はじめのうちは、それが棟方志功という人間か、と思っていた。天衣無縫というか、傍若無人というか、青森という縄文地帯が生んだ天然の芸術変種かと考えていた。がしかし、やがてそれはもしかすると根本的に間違った思いこみかもしれないと不安になった。かれのもうひとつの似たような作品にお目にかかったときだ。昭和二十八年（一九五三）につくられた「耶蘇《やそ》十二使徒板画柵」というのがそれである。

このとき、かれはちょうど五十歳になっている。昭和十四年に「釈迦十大弟子」をつくったときが三十六歳だから、そのときから数えて十四年が経っている。

それまで棟方志功は、仏教や神道の世界にかかわらせた板画の制作を多く手がけてきていたが、その作品では題材をキリスト教に求めている。ところがイエスの弟子の「十二使徒」とはいっても、ここでも「釈迦十大弟子」のときと同様、あいかわらずどれがヤコブでどれがマタイであるのやら、そんなことには一切おかまいなく奇妙キテレツな人間像が描き分けられているだけである。名前を当てられているのがペトロとヨハネだけであり、そのことからしてもかれの関心がどこにあったかをうかがわせる。その他の個々の弟子たちの名前などどうでもよかったのであろう。

私は以前、ある展覧会に出品されたこの板画を見ていて、いささか驚いた。度肝を抜かれたといってもいい。というのもその十二使徒たちの眼の表現が奇抜といえば奇抜、グロテスクといえばそういえるようなタッチで描かれていたからである。片眼が開いていないもの、一方の眼に瞳が二つ点じられているもの、一方が白眼で他方が黒眼のもの、四角の瞳と円形の瞳の組み合わせなどなど、およそまともな両眼をつけているものが一つもない。悪ふざけが過ぎているとしか思えなかったのである。キリスト教にたいする無意識の偏見がそういう形で噴きだしているのかと、一瞬いぶかったほどだ。

が、しばらくして私は、この「耶蘇十二使徒」においてもイエス・キリストその人の存在があとかたもなく消去されているということに気がついた。「釈迦十大弟子」において釈迦を追放したように、ここでもイエスははじめから勘定に入れられてはいない。その不思議な符合の前に私は立ちどまった。そのような制作意図（？）の合致は、たとえ無意識のものではあったにしてもけっして偶然ではないのだろうと思ったのである。そのことのいわば発見が、私にひとつの強い暗示を与えた。棟方志功はあきらかに釈迦殺しを敢行している、耶蘇殺しに手を染めている、と思わないわけにはいかなくなったのだ。棟方板画における「師殺し」、棟方芸術における「主殺し」のモチーフである。

もっとも、棟方の数ある板画群のなかに釈迦と基督《キリスト》の単独像がないわけではない。しかしそれは、棟方板画の全体を見渡すときほとんどとるに足りないものだ。かれの全作品のなかにおけば、いずれも棟方板画の絢爛《けんらん》たる山塊のなかに埋没してしまうたぐいのものだ。ましていわんやその釈迦や基督の単独像をさきの「釈迦十大弟子」や「耶蘇十二使徒」のそばにおくとき、その存在はケシ粒のごとく飛散してしまう。それは反《かえ》って、釈迦や基督にたいする棟方の無視の感覚をきわ立たせるだけに終るだろう。

柳宗悦の批評

もっともここで、気がかりなことがないわけではない。柳宗悦《やなぎむねよし》の批評である。民芸研究と美術評論の分野で一家をなし、棟方志功の才能にいち早く目をつけ世に紹介した人物だ。柳宗悦の推輓《すいばん》でかれはひろく世に知られるようになったといってもいい。いわば柳宗悦は棟方志功の恩人だった。棟方もまたそのことを天下に公言してはばからなかった。

その柳宗悦に「棟方の近業――基督像」という短い文章がある（『民藝』第六十六号、一九五八）。それによると、このごろ棟方は「茶掛け」のため十二枚一連の板画の制作に着手した。花鳥、山水、人物を十二ヵ月に配し、季節に応じて「茶掛け」に使う。そのなかに縦長の人物立像が三枚ある。四月に釈迦、八月に聖徳太子、そしてのこる一枚が十二月に当てられた基督である。なかでも基督像が「燦然《さんぜん》と輝い」ている。幾百と刻まれた棟方板画のなかでただ一枚を選べといわれたら、ためらわずにこの基督像を第一に挙げる。それは、誰しもがみとめるあの「釈迦十大弟子」よりもさらに「一歩進んだもの」であるという。

この柳宗悦の讃美・讃嘆の評言は、さらにつづく。その一枚はヨーロッパ中世のキリスト教美術、さらに現代の最高のキリスト教画家にくらべてもすこしも遜色がない。キリスト像の表現において棟方の域にまですすんだものは一人もいないのではないか。その旨を柳は、手紙で棟方に書き送った。そのときの棟方の反応がふるっている。

からである。

「そんなによいのかなあ」といったまま、柳の評言をほとんど解しない態度をとった

棟方志功自身は、茶掛け用の基督単独像をほとんど一顧だにしていなかったのである。なぜそれが、柳のいうように「釈迦十大弟子」や「耶蘇十二使徒」よりすぐれているのか、まったく理解することができなかったのではないか。それだけではない。柳宗悦は茶掛け用の「基督」にはつよい関心を示しているが、しかしそもそも「耶蘇十二使徒」にはほとんど目もくれていなかったことを指摘しなければならない。その作品にふれることを意識的に忌避していたといっていい。なぜなら昭和二十八年（一九五三）に「耶蘇十二使徒」が発表されたとき、柳はそれをみとめようとはしなかったからだ。恩人の柳が感心しなかったために、棟方は仕方なくその一部を改刻しなければならなかった。そして後年、そのことについてつぎのように述懐しているのである。

考えてみれば、そうそう立派なものばかりできるわけはないのですから、そういう作品があるということも、つぎの仕事への反省として、身をかえりみ、心を

かえりみるには良い作品になった、とこじつけがましくも思っています。

（前掲『板画の道』）

柳に批判されて反省しているようにみえるけれども、しかし柳の批評に膝を屈しているわけではない。それどころか、つぎの仕事への反省としては「良い作品」になったとこじつけがましく抗弁している。その抗弁の裏には、つぎのような自信も鎌首をもたげていた。

唯、二、三枚だけは、十大弟子のもっているものにはない、ガッチリした構造的なものになり、絵なども模様化された良さがあって楽しめると思います。

棟方志功が柳宗悦の批評を本心ではまったく受けつけてはいなかったことがわかる。棟方にしてみれば、「耶蘇十二使徒」は「釈迦十大弟子」の存在を十分に意識し、それを超えようとしてつくった苦心の作であった。その精力のそそぎようは、むろんさきにふれた「茶掛け」用の「基督」とは比較にならない。そのことを頭からみとめようとはしない柳にたいして、おそらく腹一杯の不満を抱いていたにちがいない。そのことは、さすがに恩人である柳にたいしてあからさまな形で暴露されることはなかったが、しかしこじつけがましい静かな抗弁となってかれの口からあふれでたのである。

しかしそれにしても柳宗悦は、棟方自身が気づきもしなかった茶掛け用の「基督」をなぜそれほどに評価しようとしたのであろうか。「耶蘇十二使徒」はもとより「釈迦十大弟子」をもしのぐほどにすばらしい達成を示す作品であると、なぜそれほどつよく主張しようとしたのか。それがよくわからない。柳宗悦の文章を読んでいて、よくわからない。読者を説得しようとするより、棟方の制作意図を無視してまで自説を押しつけようとする語調がきわ立っているだけに怪訝《けげん》の思いにかられる。

師の不在

事態を、反対の方向から逆照射してみなければならないのかもしれない。柳宗悦は本当のところ、棟方志功の本質を見通すことができなかったのではないか。棟方志功が「釈迦十大弟子」や「耶蘇十二使徒」において全身全霊をこめて表現しようとしていたことを理解することができなかったのではないか。なるほど柳宗悦は、棟方志功という希有《けう》の才能の発見者だった。その才能の価値を誰にもわかる言葉で解説した第一の先導者だった。棟方はその柳の努力と直観によって世の中に出たのである。世界の棟方になる端緒をつかんだといってもいいだろう。

しかしながらその柳は、はたしてさきにみた棟方芸術における「殺し」の主題に気がついていたのか。「釈迦十大弟子」における釈迦否定の野性的なエネルギー、「耶蘇十二使徒」における基督抹殺の反近代的な衝動を感ずることができたのか。きわめて怪しいといわなければならない。

柳宗悦が棟方志功にとって、その才能を嗅《か》ぎわけたすぐれた発見者であったことを誰も疑わない。棟方という荒けずりの野生児にたいする同伴的解説者であったことは大方のみとめるところだ。しかしながらその柳はいかなる意味においても棟方志功の「師」ではなかった。「先生」と呼ばれるべき存在ではなかったと思う。何よりも棟方自身の言動を追っていっても、そこからは柳を師としてみとめ遇するという生き方はでてこないからである。棟方芸術の本質に、そもそも師というものをみとめる契機を皆目見出すことができないからだ。

要するに柳宗悦は、棟方志功にとって名伯楽ではあっても、金輪際「師」などではなかったということである。恩人ではあっても「先生」という地位に座るべき人間ではなかった。

棟方には、柳宗悦のほかにも「恩人」、あるいは「先生」と呼んで尊敬し親近していた人間がいた。陶芸の河井寛次郎や浜田庄司がそうだった。とりわけ河井寛次郎からは禅の『碧巌録《へきがんろく》』の話をきき、それが棟方の作品に大きな影響を与えたことも知られている。しかしそれによってかれが仏教の世界に近づいたといえば間違うだろう。なるほど禅の碧巌録はかれの板画の題材にとりあげられてはいる。が、それで仏や菩薩たちへの信仰がかれの心に芽生えたとはとても考えられない。

棟方の描く「仏教」は、さきにみた「釈迦十大弟子」におけるようにかれ自身の天然の原泉からほとばしりでたものだからだ。河井も浜田も柳の場合と同じように棟方の才能を発見した恩人ではあっても、かれの天分を引きだすたぐいの師ではなかったゆえんである。

棟方はよく、自分が尊敬するのは梅原龍三郎と安井曾太郎《そうたろう》の「二先生」だけだといっていた。けれどもその「二先生」でも、要するに「フランスの画家の弟子ではなかったか。妙だ、おかしい、日本人として日本の芸業を生かす道は、もっと別のところにあるのじゃないか」といっている（『棟方志功――わだばゴッホになる』日本図書センター、一九九七）。

梅原、安井の両大家を「先生」といって奉ってはいるけれども、かれの本心はそこにはなかったことがこれでわかるだろう。柳や河井などと同様、梅原や安井もかれの前では先生でもなく師でもなかったということだ。

野生のゴッホが円空、木喰に出会うとき

棟方志功は、むしろあの円空や木喰《もくじき》に似ていると私は思う。ヨーロッパ芸術の影響をうけた日本のどの芸術家とも似ていない。そもそもかれは、西欧の芸術や美の伝統に反逆さえしていない。そのような世俗的な観念が、はじめからかれの念頭に宿ってはいなかっただけだ。

よく知られているように、かれにとってゴッホが、ゴッホの存在だけが唯一の例外だった。

しかしそれは、影響や反逆などといった水準をこえる棟方自身による発見だったというしかない。かれはゴッホの絵をみて、そこに自己そのものの具現をみたのだった。ゴッホの絵をみて絵描きになったのではないだろう。ゴッホの絵をみて、棟方が棟方自身になったのである。ゴッホを通して自己を発見したのだ。つまりゴッホと棟方のあいだに影響や反逆の関係はそもそも発生のしようがなかったのである。

ゴッホと出会ったときの全身的な感動が、円空や木喰に出会ったときのかれの魂を直撃したのではないだろうか。これについては保田與重郎《やすだよじゅうろう》の印象深い証言がある。戦後まもなく保田が、さきの河井や棟方とともに名古屋に行って円空の鉈仏《なたぼとけ》を見物したときのことだ。棟方はその木彫仏の並べられた壇上に昇り、仏にわが顔をすりつけるように近づけ、「昔も棟方志功がいたか」と叫んだ。今の志功が昔の同じ志功を見た驚きだったのだろう、と保田は書いている（「讃画行」棟方志功展、朝日新聞社、一九七七）。

戦前の昭和十六年（一九四一）のことだが、かれは写真家の坂本万七とともに木喰仏の調査におもむいている。そのときもかれは、木喰の木彫仏に顔を近づけていって「昔も棟方志功がいたか」と叫んだのではないか。木喰仏に頬ずりして歓喜の声をあげたにちがいない。そのころはちょうど「釈迦十大弟子」を発表した直後であったが、そうだとすると、そこに自分自身の「釈迦十大弟子」が忽然《こつぜん》とあらわれでたと本気で思ったのではないだろうか。

円空は芭蕉とほぼ同時代を生き、北海道にまで渡って修行し、無数の仏像や神像を彫った。同じように、その円空の生き方をあたかもなぞるようにして、東北から北海道にかけて果敢な旅を試みたのが木喰だった。かれもまた円空のようにその生涯をかけて、うまずたゆまず仏像と神像をつくりつづけたのである。円空の生涯が六十三年、木喰が九十三年、そして棟方志功が七十二年……。

さきにものべたが、棟方志功は明治三十六年（一九〇三）九月に青森市の刃物鍛冶の三男として生まれた。裁判所の給仕になって貧しい家計を助けたが、絵の修業を志して上京したのが大正十三年（一九二四）、二十一歳のときだった。ゴッホの絵と出会い、「わだばゴッホになる」といって故郷をあとにしたのだった。その青森の田舎から飛びだした野生のゴッホが、後年、円空や木喰に出会ったときの感動がどのようなものであったか。師の片影さえみえない宇宙の虚空にむかって、「わだば円空になる」、「わだば木喰になる」と歓喜の叫び声をあげたのではないだろうか。

くり返していえば、棟方志功は「ゴッホのような画描きになろう」と思ったのではない。「オレはゴッホになる」といって家を出ていったのである。

中国の禅僧に、臨済《りんざい》という眼光鋭い坊主がいた。日ごろ、過激なことをいって、周囲を驚かせていた。

師に会うときは　師を殺せ
主に会うときは　主を殺せ

そんなものにはこだわらず、さっさとのり越えていけ　先に進んでいけということだろう。その臨済和尚の死後、弟子たちがその師の言行を集めて『臨済録』をつくった。

棟方志功は、この『臨済録』の一節を日ごろ口ずさんでいたような気がする。口にするだけではなく、生まれながらにその言葉を生きていたような気がする。

それがさきに引いたかれのいう「血噴きの仕事」につながる。「釈迦十大弟子」や「耶蘇十二使徒」のそれぞれの両眼にうがたれた奇妙キテレツな異形、常軌を逸した底抜けの狂気に重なる。

それはまさに、師も主もいない「血噴きの仕事」だったのだ。

棟方志功が死んだとき、空の雲間のかなたから、鬼の血噴く哭き声がきこえてきたのではないだろうか。

二、土門拳　闇を撮る

（1978年、読売新聞社）

土門 拳
（どもん けん）

明治四十二年（一九〇九）山形県酒田町生まれ。昭和十年（一九三五）、名取洋之助主宰の日本工房に所属し報道写真を撮り始める。その後、『ヒロシマ』『筑豊のこどもたち』などの作品により報道写真家としての名を馳せる。ライフワークとして仏像や寺院など日本の伝統文化を撮影。『古寺巡礼』は昭和三十八年（一九六三）に第一集を発刊し、昭和五十年（一九七五）の第五集で完結。昭和四十六年（一九七一）、『古寺巡礼』の業績に対し菊池寛賞受賞。昭和四十八年（一九七三）、紫綬褒章受章。平成二年（一九九〇）死去。

筑豊の子どもから奈良の古寺へ

本州最北端の青森市から、津軽海峡を回って日本海に出る。そのまま南下すると土門拳の生地があらわれる。

同じ雪深い山形の地だ。同じ縄文の奥地、といってもいい。

昭和三十五年（一九六〇）、土門拳は写真集『筑豊のこどもたち』を刊行して世に出る。生活のため、ボタ山で石炭を拾う少年、火の気も夜具もない廃屋のような炭鉱住宅で暮らす姉妹。

今から六十年も前、福岡・筑豊地域の炭鉱で、ありのままの子どもたちの姿を描写した写真だった。

国のエネルギー政策が石炭から石油に転換された時期だ。炭鉱は軒なみ閉山に追いこまれ、筑豊地域には大勢の失業者があふれていた。

それを目の当たりにした土門は、

「貧窮のどん底にありながら、かれらはなぜ暴動をおこさないのか」

と書いていた。

土門拳は二週間、筑豊地域を歩き回り、撮影しつづけたが、その成果がさきの『筑豊のこどもたち』となって実ったのだ。

当時、世間の注目は三井三池炭鉱（福岡県）の争議に集まっていたが、土門は中小の炭鉱にも足を運び、失業の苦しみにまきこまれている子どもたちに焦点を合わせて、その悲惨さを訴えたのだった。

だがやがて、土門拳の変貌がはじまる。かれのその後の人生をつよく彩ることになる「古寺巡礼」の旅がはじまるからだ。

かれの内面においては、命がけの転向の旅だったのかもしれない。

筑豊の子どもたちへの旅から、古都奈良の仏像たちへと吸いこまれていくような旅がはじまる。ほとんど仏像狂いといってもいいような美と陶酔の旅……。

なぜ、そんな破天荒な転向のめざめが発現したのか。

謎、である。

土門拳の写真、とりわけ「古寺巡礼」の写真といえば、まず室生寺《むろうじ》だろう。女人高野といわれる室生寺の堂塔と、そこに祀《まつ》られる仏像だろう。

肉眼はレンズを通して、レンズを超える

土門拳の写真と対面してから、間もなくのころだったと思う。

はじめて室生寺を訪れた。

層々たる石段が、明るい光を発して上方にのび、どこまでもつづいている。何百年ものあいだ、人々によって踏みつけられたであろう跡を示す平滑な凹凸が、タテヨコの線を刻みながらあたかもピラミッドの壁面のように上へ上へとつみ重なっていた。

その石段のつきるあたりに、金堂《こんどう》が樹林に覆われるように鎮座している。石段は、武者が身につける鎧《よろい》のようにみえるところから「鎧坂」と呼ばれているらしい。なるほどとは思ったが、私の目には、かつて訪れてよじ登ったことのあるギザのピラミッドの壁面のように映った。そのときの感触が蘇ったのである。金堂を両腕で支えあげているような鎧坂のこのような構図を発見したとき、作者は心中しめたと思ったにちがいない。

その後しばらくして、また室生寺を訪れた。明るい陽が射して金堂も仏像たちも愛

想よく迎え入れてくれたが、午後になってにわかに雲の動きがはげしくなり、雪が降りだした。金堂も塔もみるみる白く染まっていったが、突然天の奥の方から、「オー」と叫ぶ土門拳の野太い声がきこえてきた。

氏は生前、好きなものはと問われると、建築ではこの室生寺の五重塔とともに、懸《けん》崖《がい》づくりで知られる三徳山三佛寺《みとくさんさんぶつじ》の投入堂《なげいれどう》を挙げるのが常だったという。比叡山の根本中堂や奈良の東大寺などははじめから狙わない。

鳥取の倉吉駅から小一時間ほど車で走れば、かつて修験《しゅげん》の山として栄えた三徳山三佛寺につく。

鳥取は砂丘で知られるが、この標高九〇〇メートルの山の中腹には、「投入堂」という古びたお堂が岩壁にはりつくように建てられている。平安後期の作といわれ、私はかねて奥州平泉の中尊寺《ちゅうそんじ》「金色堂《こんじきどう》」に匹敵する天下の逸品と思ってきた。

投入堂とはよくぞいったものだ。伝承では、修験道《しゅげんどう》の祖、役行者《えんのぎょうじゃ》が空中にエイヤッと投げとばしてつくったからだという。小さな木造のお堂が宙を飛んで、断崖の横っ腹にぴたりと着床する光景が浮かぶ。

私は以前その現場に足を運び、眼前の急峻な岩壁をよじのぼってお堂のなかに入ったことがある。岩の壁面にさしわたされた縄を足場にしただけで宙吊りになったとき、その極度の不安と恐怖のなかで、山を抖擻《とそう》する修験の行とは空を飛ぶことではないかと疑った。

いまあらためて土門拳の写真をみると、そのときの恐怖と不安の瞬間が蘇る。驚かされるのは、その投入堂の印象について氏がつぎのようなことをいっていることだ。

どっしりと足をふんまえているように見えるこの堂が、しなやかな脚で今にも跳躍するかにも思える。この強靭《きょうじん》さ、軽やかさをともに秘めているところなど彼（注・文明の発祥地エジプト、インド、中国などを指す）には類を見出せない」

（「ぼくの好きなもの」『古寺巡礼』第四集、美術出版社、一九七一）

あたかもかもしかの脚のように、しなやかで、強靭で、軽やかであるといいたかったのであろう。それがカメラの俊敏な眼球によってとらえられている。

もう一つ、氏のお目当てだったのが薬師寺《やくしじ》の三重塔だった。面白いのは、その三重塔を見上げると、この塔の六重にみえる屋根が層々と重なり合って天に突き抜けるようだといい、空を走っているがごとくであると感想をもらしているところである。

塔が走る、といういい方が奇怪である。どうしてそんなことになるのか。さらに、夕陽が射しこんだから仏像が美しく見えるとか、フットライトを浴びたから神々しく見えたとかいうのは、みんなウソだともいっている。薄暗くても、夕陽に照らされても、個性的な仏像はそのなかで息をし、休むことなく「走っている」のだと断言してはばからない。美しいものは絶対変ることなく、そして走っている。

そういえば氏の肉眼に映る室生寺の鎧坂ピラミッドも、天にむかって走っていた。三佛寺の空飛ぶ投入堂も、かもしかのように、そしてその堂に祀られていた蔵王権現《ざおうごんげん》のように空を走っていた。そこにこそ美の極致が宿っているのだと確信しているところが、やはり尋常ではない。

いったい土門拳の肉眼レンズは、どのように目覚めるのか。不思議な言葉が、その真一文字に食いしばった口元からもれてくる。

あるとき日が暮れてから薬師寺の塔にむけ、弟子たちにカメラを据えさせたことがあった。露出計をにらんでいる助手が「もう写りませんよ」と撮影を中止させようとした。氏は「まだ塔がよく見えるではないか」と怒鳴りつけ、ありったけのフラッシュを閃《た》かせた。そして一時間シャッターを開けっ放しにしておいたが、さすがに一寸先も見えなくなったので撮影終了にした。東京に帰り現像した結果、そのフィルムは真っ黒で、一本の柱も写ってはいなかった。助手たちは「眼に見えても写らないものですね。写真を撮るのはレンズですよ」と鼻たかだかだったが、氏は腹の底でかれらの軽薄さを笑ったといい、つぎのように書いている。

三十メートルも先から閃いたフラッシュがあの高い塔までとどくわけがないことはぼくだって存じている。しかしフラッシュが一閃したとき、確かにこの塔は優美な姿を現わしたではないか。フィルムに色を出すだけが写真を撮るというのではない。色が出たか出ないかはあくまでも結果であって、眼で確かめ、心に叩き込まれたときはじめて写真は写ったといえるのである。

（前掲「ぼくの好きなもの」）

土門拳の肉眼はレンズを通して、レンズを超えるということだろうか。おそらく肉眼の躍動する生命力への、底なしの信頼ということなのだろう。氏の肉眼がレンズそのものと化し、レンズの鏡面に氏の肉眼が内在しているのである。

今日のカメラブームが日本人のほとんどの身体から肉眼の強度を奪い去っていることを思うとき、このような土門拳の主張は貴重である。

仏に逢うては仏を殺し、祖に逢うては祖を殺す

戦前のことになるが、土門拳には当時東京随一の歓楽街だった浅草を写した一連の作品がある。それが武田麟太郎の文章とともに『NIPPON』(一九三六年八月号)に掲載された。氏は作家の武田に私淑し、浅草に足繁く通って、街のにぎわいや風物、舞台を活写していた。ほとんどがスナップショットであるが、その地を這《は》うようなリアルな手法がめきめき腕を上げていくのが、それらの写真をみているとよくわかる。

そのころのものに仲見世を写した傑作がある。昼日中の雑踏でにぎわう一枚と、同じその場面を人っ子ひとり通らない深夜に写した一枚をみてみよう。

雑踏の方は前景に老若男女があふれ返り、それに対して両側の仲見世のつらなりが

仲見世通り昼景／浅草（1936年、土門拳記念館）

しだいに後景の中心にむかってしぼりこまれていく構図になっている。その後景の中心には観音堂の屋根らしきものが写っているが、はるかかなたの無性格の点描にしかみえない。いってみれば遠近法の遠い中心点として処理されているだけである。

それにたいして夜景の一枚は、人間たちの群れを一切消し去り、仲見世通りの整然としきつめられた石畳だけをクローズアップして写している。街路を照らす軒灯には煌々《こうこう》とした明りが入り、そのきらめきのつらなりが後景の中心点にむかって光の流れをつくっている。

夜景からは、いまいったように人間の

仲見世通り夜景／浅草（1936年、土門拳記念館）

群れにかわって整然としきつめられた石畳だけが浮かび上がり、見る者の眼前に迫ってくる。それに反してその遠近構図の奥に鎮座しているはずの観音堂にたいする関心は毛筋ほどもみられない。この時期の土門拳にとって、その地は古寺の存在する場所ではなく、いわんや巡礼する者たちの霊場でもなかったのであろう。

やがて氏は浅草のような盛り場の雑踏から離れ、人間群像の坩堝《るつぼ》からも離陸し、古寺と仏像を発見する巡礼の旅に出る。一体一体の仏たちの姿に対面し、その千変万化する表情の内面に肉薄していく。そのとき氏の脳髄からはそこを訪れる人間たちがほとんど消え去っていた。その決定的な場所に足を運ぶのは土門拳ただ一人であり、巡礼の旅を重ねてその霊場に行き着いた善男善女たちの姿はすでに念頭にはなかった。なぜなら古寺も仏像たちも、土門拳の肉眼（カメラ）にとってはただ美の対象としてそこに存在していただけだったからだ。そこははじめから祈りの空間ではなかったのであるから、善男善女を登場させる必要がなかったというまでである。

その氏がしばしば讃歎《さんたん》の声をあげるのが、神護寺《じんごじ》の薬師如来《やくしにょらい》の素顔であり、室生寺の釈迦如来《しゃかにょらい》や薬師寺東院堂《とういんどう》の聖観音《しょうかんのん》の、生まの表情である。また、臼杵《うすき》の磨崖仏《まがいぶつ》であり、切られた首のように地上に落ちた、むきだしの仏頭である。アングルを変え、光の照射を変化させ、肌の微妙な起伏、毛穴の一つひとつに執拗《しつよう》なにらみをきかせ、刺すような視線をその対象に注いで倦《う》むことがない。

ことここにいたって私は、土門拳と並ぶもう一人の東北人、棟方志功を思いおこす。土門拳は山形の酒田市、棟方志功は青森市の出身である。その棟方の出世作「二菩薩釈迦十大弟子」を思い浮かべてほしい。さきにもふれたようにこの板画には、十人の弟子たちだけが描かれていて、釈迦その人の姿は刻まれてはいないのである。仏の存在そのものが消却されていることに気づく。だからこの作品のタイトルはあくまでも

「釈迦の十大弟子」であって、「釈迦と十大弟子」であるのではない。のちに棟方は、その勢いをかって「耶蘇十二使徒」の板画をつくることになるが、ここでも「耶蘇」その人は出てはこない。「耶蘇の十二使徒」の顔がつぎつぎに登場してくるだけである。

私はかねて、上記の棟方志功の作品には「仏」殺し、「耶蘇」殺しの主題が隠されていると思ってきたのであるが、それがこのたびあらためて土門拳の作品をみていて、同じ主張が氏の仏像写真の背後に色濃く流れていることに気がついたのである。

仏に逢うては仏を殺し、祖に逢うては祖を殺す、と言った臨済和尚《りんざいおしょう》の生き方である。その必死の生き方を、土門拳も土門拳なりに写真撮影の仕事のなかで実践していたということになるのであろう。

女人救済の聖地

奈良盆地の中央あたりに立って、東を向いてみよう。晴れた日であれば、三輪山の美しい姿が青空に浮かんでみえるはずだ。

古くから、山そのものが神として信仰されてきた聖地である。

その三輪山からさらに真東に一里ほどいくと、森のなかから長谷寺の伽藍《がらん》がみえてくる。西国三十三所観音霊場の第八番札所として知られたところだ。

そのカミの山の三輪山とホトケの霊場・長谷寺を一直線に結んで、それをさらに真東に三里ほど行ったところに、山と杉木立に囲まれた室生寺の静まり返った一画が姿をあらわす。

背後に森がこんもり茂り、深く切れこんだ谷間に清流が走っている。そのあわいに小ぶりの金堂や五重塔が樹《こ》の間がくれにたたずんでいるのがみえてくる。

ふと、「隠れ里」とはこういう場所をいうのだろうかという思いがよぎる。

三輪山と長谷寺と室生寺が、奈良盆地の中点あたりから真東にのびる起伏のある線上に並んでいるというのが、私にはことのほか不思議にみえる。その起伏のあるゆるやかな流れは、やがて東の山なみをこえてのびていき、そのまま伊勢の二見浦《ふたみがうら》にまで通じているはずだ。

そういえば室生寺には、古くからカミの気配が立ちこめ、ホトケの霊気が浸透していた。隠れ里はたんなる辺境の地ではなかったのである。

ある冬の日、私は室生寺を訪れた。

近鉄線の大和八木で大阪線にのりかえ、室生口大野というところで降りた。そのままタクシーを拾い、室生川をさかのぼってお寺へ。川にかかる太鼓橋を渡ると、真前に正門がくる。境内を東にしばらくいくと、平石をどこまでも積みあげた鎧坂の下に出る。

見上げると、その石段が上方でつきるあたりに金堂の屋根がみえた。

金堂まで登りきり、さらに西側の石段を踏んで上にあがっていく。すると細かな積石がまた上へ上へとつづいていて、そのさきの方に五重塔が立っているのがみえる。数十段つづく石積みそのものが、あたかも五重塔の台座であるかのようだ。

五重塔を巻くように、さらに裏側に回ると、奥の院への登り口があらわれた。

頂上の骨堂まで――そこが奥の院なのだが、急坂の七、八丁の道にこれまた三百五十余の石段がジグザグにつづいている。その細い道筋にうっそうとした杉木立が覆いかぶさり、陽光をやんわり遮っている。

三百五十余段を息せききって登り、しばらく休んで降りかかった。はじめは眼下に五重塔がみえ、ついで金堂がみえていたのが、あっというまに、隠れ里の最低部に降り立っていた。

室生寺の七堂伽藍は、じつに狭小な区域に、山腹を這い、上へ上へとのびあがるように建てられている。その垂直の景観を美しくつないでいるのが、細かい平石を積み重ねた、すき間のない石段なのである。

昼時になったので、太鼓橋のたもとにたつ門前の橋本屋に入った。旅館と茶店を兼ねているところである。山菜料理を腹におさめてから厠《かわや》に入った。みると赤茶けた白壁に紙がはってあり、弘法大師の和歌一首が几帳面《きちょうめん》な字でしたためられていた。

わが身をば高野の山にとどむとも
　心は室生に有明の月

自分は高野の山に住んでいるけれども、心はいつも室生寺に通わせているというのだろう。はたして空海がこのような歌を詠んだのかどうか。室生の側に立つ人がその思いを託してつくったのかもしれない。

このあとにもふれるけれども、室生寺の開創伝説には空海の名がしばしば登場する。それでいつしか高野山と室生寺がむすびつけられるようになった。それだけではない。古くから高野山は女人禁制の山として知られていた。

その高野山にかわって、隠れ里の室生寺が女人救済の聖地として喧伝《けんでん》されるようになった。「女人高野室生寺」というコピーがつくられ、それが正門入口の石碑の上にも刻まれることになった。

ひとたびこの室生寺の景観を見た者にとって、「女人高野」は抵抗なく受けとられるイメージではないだろうか。この美しい言葉の響きにひかれて、これまでどれほどの人々がこの地を訪れたことか。救いの夢見心地にさそわれて、どれほどの女人たちがやってきたことか。

女人高野は、四季折々の草花や空の色に彩られて人びとの目を楽しませ、その心をなごませてきたのである。

土門の「古寺巡礼」の「古寺」には、ときに「古民家」の趣きがただよう。

「女人高野」にいたりつく

このような室生寺の魅力にとらえられ、心にしみ入るような写真を撮ったのが土門拳だった。

かれはたんに女人高野に魅せられただけではない。室生寺のたたずまいに心を奪われただけでもない。室生寺の伽藍の奥深く潜入して、その魂をつかみとろうとした。天空高く舞い上がって、鷲《わし》のような鋭い眼球を動かし、何ものをものがすまいと鳥瞰《ちょうかん》した。女人高野室生寺が真に現代に蘇ったのは、このような土門拳の、憑《つ》かれたような魂の運動のおかげなのだ。

かれの写真集『室生寺』がはじめて一冊にまとめられたのは昭和二十九年（一九五四）であった。北川桃雄の解説で美術出版社から出された。ときに四十五歳。

その翌年、この作品によって第九回毎日出版文化賞を受賞している。ところがかれは、昭和三十五年（一九六〇）になって、最初の脳出血に倒れる。五十一歳になっていた。

このときは比較的軽くてすんだが、昭和四十三年（一九六八）にふたたび同じ病に襲われて、四肢の自由を失った。五十九歳のときだ。

しかし一年半の療養ののちに、このときも不死鳥のように立ち直り、「女人高野室生寺」の撮影にとりかかった。車いすに乗って総指揮をとり、弟の牧直視《まきなおみ》や弟子たちが助手として献身的に手伝った。

そして昭和五十三年（一九七八）、それまでのいっさいの仕事を昇華させて、『女人高野室生寺』を完成した。同じ美術出版社からで、土門はこのとき六十九歳になっていた。

昭和十四年（一九三九）にはじめて室生寺を訪れてからこの最後の仕事の完成まで、じつに四十年の歳月が流れている。「室生寺」を見つづけて、ついに「女人高野」にいたりつくまでの四十年だったといっていい。

その根気のよさ、執念のつよさには脱帽するほかはない。だがその『女人高野室生寺』ができあがった翌年、かれは三度目の脳出血の発作に見舞われる。

そのまま十一年間を意識不明のまま生きつづけて、平成二年（一九九〇）の九月に亡くなった。ときに八十歳。その土門拳の末期の脳中に、終生こだわりつづけた室生寺はいったいどのように映っていたであろうか。

非情性と激情性

土門拳の写真作品というとき、かならず引き合いに出されるのが、高村光太郎のつぎのような批評である。

土門拳はぶきみである。土門拳のレンズは人や物を底まであばく。レンズの非情性と、土門拳そのものの激情性とが、実によく同盟して被写体を襲撃する。この無機性の眼と有機性の眼との結合の強さに何だか異常なものを感ずる……

（「土門拳とそのレンズ」『写真文化』一九四三年三月号）

カメラが本来的にもっている無機的な非情性と、土門拳の生理そのものから発散される有機的な激情が緊密な同盟を結んで被写体に襲いかかる……。レンズのピントが合うのではない。非情性と激情性という二つの焦点が一つのピントに合体するのだ。

この批評の言葉は、たんに土門拳の仕事ぶりをみていったのではないだろう。みずからも被写体となって、その激しい襲撃の的になった光太郎自身の実感がいわしめているようだ。

たしかに、写真の一つひとつをみていると、この高村光太郎の評言が異様な迫力をもって迫ってくる。対象を正確にとらえるというより、それを食い破ろうとする気迫が画面の全体ににじみでている。

だがときにそんな激情が、何ともわずらわしく感じられることがないではない。もっと静かにみせてくれ、と叫び出したくなる衝動がつきあげてくることがある。

そんな土門拳の作品群を前にしていると、ふと、「室生寺」のものだけは、矛盾するようではあるが、少々違うなという気分に誘われることがある。かれの「激情」がそこではやや沈静の気配をただよわせている。どうしてだろうか。

私は、土門拳の撮った室生寺の作品には、三つの主題がくり返し登場するように思ってきた。

鎧《よろい》坂（土門拳は鐙《あぶみ》坂という）、金堂、五重塔の三つである。

もちろんこのほかに、室生寺の全体を押しつつむ森、四季折々の自然など、かれのカメラが及ばないところはなかったが、それら室生寺をめぐる小宇宙をみつめているうちに、かれの目、カメラの目はいつのまにか右の三つの対象へと求心的にしぼられていくのである。

堂塔伽藍というよりも小さき堂や塔への熱情であり、大きなものへの非情な眼差しである。

写真の全面に、鎧坂の石段がいっぱいに映っている。かれの室生寺には欠かせない第一主題だ。

同時に、その石段の上方に、小さく金堂が映っている作品がある。かれはそれを「金堂見上げ」といっている。金堂を見上げる地点から撮っているわけだが、その全面に広がっている主人公はあくまでも累々と積みあげられている石段である。大小さまざまの方寸で横に並べられ、それが細かく層をなしている平滑な石の群像である。

金堂は、その石段が上方に向かって尽きるところ、緑の木立がうっそうと茂る小暗い場所に、ほんのり姿をあらわしている。

見上げられた金堂は優しく、ひっそり静まり返っている。

しっとりした柿葺《こけらぶき》の屋根と、ささやきかけてくるような堂前面の扉板をみせている。石段によって押しあげられ支えられているかにみえる金堂——それはどこか多層の石塔の頂点にふわっとのせられた浮御堂《うきみどう》のようにもみえる。

金堂そのものはどうであろうか。鎧坂の石段を登りきったとき、古風を伝える、小ぶりの枯れた御堂が姿をあらわす。平安初期のものだという。なだらかな屋根が優美な両翼をひろげて、その先端が軽やかな反《そ》りをみせているのが印象的だ。

神仏習合の名残り

室生寺は平安初期のころ、興福寺の大僧都賢璟《けんけい》が勅命《ちょくめい》によって開き、のちにその弟子修円《しゅえん》が入山して堂塔伽藍を造営したのだという。

また寺伝によると、天武天皇九年（六八〇）に役小角《えんのおづぬ》が創建し、のち弘法大師空海が関与して真言宗の道場とした、といった縁起をのこす。もっとも確たることはわからない。

後世になり、室生寺は女性にも開かれた真言密教の寺院として信仰され、「女人高野」と呼ばれるようになる。

もしかすると金堂や、このあとのべる五重塔の小作りで優美な姿が周囲の雅《みや》びな風景とあいまって、「女人高野」のイメージを醸しだしたのかもしれない。

ところがこの寺は、江戸時代になって大きく発展する。五代将軍徳川綱吉の後ろ楯によって興福寺の支配から離れて、真言宗の寺として自立したからだ。将軍生母の桂《けい》昌院《しょういん》の庇護をうけ、寺運がますます興隆していった。女人高野の「女人」がこの桂昌院と重なっていく。

さらに歴史をさかのぼると、この室生の地はもともと竜神を祀るカミの聖地だった。それが仏教と結びつき興福寺との関係をつよめ、密教の道場へと発展していった。神仏習合の歴史があったのだ。

現在の室生寺の門前から東へ一キロほどいくと、室生龍穴《りゅうけつ》神社がある。祭神は高霊（タカオカミノカミ）といい、竜神であるという。この文字は『日本書紀』の神代紀にでてくるから起源は古い。この神はいうまでもなく雨を呼ぶ神だ。雨乞いの儀礼が「竜穴」を祭場にして行なわれたのであろう。

竜穴そのものは神社の場所ではなく、境内の奥にひろがる深い谷間にあった。山道を登り、ほの暗い茂みの崖を降りていくと、谷底に細い渓流が走り、その山腹に苔《こけ》むした岩が突きでていて、下にぽっかり不気味な穴があいている。前に太い注連縄《しめなわ》が張られ、いかにも竜が身をくねらせて出入りしそうな霊気がただよっていた。そこは光のとどかない闇の奥だった。

室生龍穴神社の祭りは年に一回秋に行なわれるが、その秋祭りの主舞台になるのが室生寺の境内にある天神社である。天神社は鎧坂を登った金堂の東側に建てられているさりげない小社だ。

神仏習合の名残りをとどめる社であるといっていい。この寺域に祀られるカミは、仏法を守護する鎮守であった。それどころか古くは、むしろ室生寺の方が、それ以前からこの地に祀られていた竜神を崇敬して、仏事を営んでいた。室生寺はこの竜神の社に奉仕する神宮寺として発展したのである。

それが仏教の興隆とともに主客が転倒して、カミの社が室生寺のなかに取りこまれていった。室生寺から約一キロ離れたところに位置する龍穴神社の秋祭りが、当の室生寺境内の天神社を中心に行なわれているのもそのためである。

祭りは、関係者が室生寺門前の太鼓橋に勢揃いし、いっしょに鎧坂を登って天神社にお参りすることからはじまる。拝殿の儀が終わってからふたたび太鼓橋にもどり、そこから龍穴神社に向かって歩く。

深夜になって精進あけの酒宴が開かれて、祭りがはてる。この秋祭りでは、参列者のお練りは龍穴神社を終着点としていて、さきにのべた龍穴は祭りの直接の舞台とはなっていない。龍穴そのものは、おそらく室生というカミとホトケの幸《さきわ》う霊地の奥の院として遇されているのだろう。

室生寺のいわば根本中堂にあたるものが、鎧坂を登りきったところに建てられている金堂である。

石積みのかなたに、見上げられるように建てられている御堂である。内陣の中央には、本尊の釈迦如来が安置され、脇に十一面観音をはじめとして文殊、薬師、地蔵が居並び、それぞれに表情豊かな十二神将がひかえている。この寺の密教色をつよめる過程でそのような構成になったのだろう。

見上げる眼差し

その根本中堂を、土門拳のカメラはどのようにとらえているのか。

その決定的瞬間を選ぶとすれば、正面斜め前方から重心を低くして写された一枚を、私はあげたい。なぜなら、この平地においても金堂は見上げられるようにとらえられ、ゆったりした諧調のなかでくつろいでいるようにみえるからである。

鎧坂の下から見上げられた金堂が、坂の上の平地においても静かに見上げられていることに私は感動する。土門拳の身体的な重心の低さが、対象に向かう心の敬虔《けいけん》な姿勢と微妙にひびき合っているのだ。かれの目線の低さは、不思議なことにこの金堂を上から俯瞰しているときにも、自然に画面のなかににじみでている。

金堂を西に廻《まわ》ると、そこに石段があって道はさらに上方につづいている。その中途の石段の上にカメラをすえて、金堂の西面をやや上方から撮っている写真をみてみよう。

このアングルもまた土門拳が好んで選ぶ、いわば絶対の視角である。金堂は明らかに前方のやや下方にみえているのであるが、にもかかわらずそこに浮き彫りにされている金堂とその背後の杉木立は、見上げられているように映っている。

カメラの目が上から見下ろしながら、しかしどこまでも沈んでいく。沈もう沈もうとする意志が、レンズの背後から伝わってくる。沈下へとさそう力動感が、金堂西面のあたりに立ちのぼる孤独な美しさをひき出しているのではないだろうか。

金堂脇の石段を登って灌頂堂《かんじょうどう》（本堂）の西側を歩いていく。するとその正面にふたたび細かい石段が積みあがり、それが尽きた上に小ぶりの五重塔がそびえているのがみえてくる。土門の「室生寺」における第三主題である。

『女人高野室生寺』に収められているもののうち、「五重塔全景」と題された一枚をみてみよう。

下から中ほどまで石段の積みあげが映り、その上段に五重塔が見上げられている。石段があたかも五重塔の裳階《もこし》のように下方に流れ、全体として鋭く直立する三角錐《すい》の趣を呈しているのが面白い。

この五重塔がさきの金堂とまったく同じ手法で写されているのだ。「金堂見上げ」と同じように「五重塔見上げ」の仕上がりになっている。

見上げられた五重塔が、見上げられた金堂のように自然のなかに美しく浮き上がっている。そのアングルのなかで五重塔の精が踊りだしている。

土門の視線が沈下しつくしてしまったあとの静謐《せいひつ》の輝きである。

この五重塔の一連の写真をみていて気づかされるのは、画面の上端がすっぱり横に切りとられていることだろう。天空に向かって垂直に立つ五重塔のイメージが、極度に抑えられている。

それにかわって強調されているのが、五重塔の各層の屋根が横にのびているなだらかな線である。緑の杉木立のなかに吸いこまれるように流れていく。しなやかな屋根の水平運動だ。

土門拳の水平思考

以前私は、中国を旅し、いくつかの仏教の塔をみて、おやっと思ったことがある。たとえば西安には、よく知られる大雁塔《だいがんとう》（大慈恩寺）がある。玄奘三蔵《げんじょうさんぞう》が建てたと伝えられ、留学僧の空海もそこで勉強したのだという。旅の間中、この大雁塔のほかにもかなりの塔をみることができたが、その印象がわが国で見慣れている三重塔や五重塔とまるで違うのだ。

一口にいってしまうと、中国の塔はどれをみても各層の屋根の部分が極度に切りつめられている。屋根の軒が塔身の部分からほんのわずかしか外にはみ出していない。

したがってその全容を遠くから眺めるとき、塔は地上から天に向かってほとんど垂直に切り立っているようにみえる。

ところがわが国の三重塔や五重塔はそうなってはいない。そこから受ける印象が中国の場合とまるで違うことに気づく。なぜなら三重塔や五重塔では各層の屋根がその軒を広く長く横にのばしているからだ。つまりいずれも水平の方向におだやかにのびていっている。水平の線と垂直の線がバランスよく安定しているようにみえる。むしろ自然の景観の起伏をやわらかく包んでいる。

私は、この水平志向が土門拳の写真にもよくあらわれていると思う。かれは室生寺の五重塔をみているうちにそれを発見したのだろうか。それとも室生寺の五重塔が土門拳のカメラの目を水平志向に誘ったのであろうか。

いずれにしてもかれのカメラの目は室生寺のみならず、日本の風土に建てられた建築物のもつ潜在的な個性をそのようにとらえていたというほかはないのである。

三、河合隼雄　夢を生きる

（2002年、読売新聞社）

河合隼雄

（かわい はやお）

昭和三年（一九二八）兵庫県篠山町生まれ。昭和二十七年（一九五二）京都大学理学部卒業後、アメリカ留学を経て、スイスのユング研究所で日本人として初めて、ユング派分析家の資格を取得。昭和五十七年（一九八二）、『昔話と日本人の心』で大佛次郎賞、昭和六十三年（一九八八）、『明恵 夢を生きる』で新潮学芸賞受賞。平成七年（一九九五）に紫綬褒章受章、十年（一九九八）に朝日賞を受賞。十二年（二〇〇〇）文化功労者顕彰。十四年（二〇〇二）から十九年（二〇〇七）まで文化庁長官を務める。十九年（二〇〇七）七月死去。

臨床心理士と宗教家

河合さんにはじめてお目にかかったときだった。

臨床心理士と宗教家には、似たようなところがありますね、といった話が出たことを覚えている。

以来、そのことがよく話題にのぼるようになった。

あるときの対談で、そのことがむし返され、臨床心理士（家）と宗教家とでは、似てはいるけれども、違うところもあるのではないか、という話になった。

河合さんは、よく知られているように、臨床心理家やカウンセラーの第一の心得は、患者（クライアント）の訴えを聴いて、聴いて、聴くことに徹することだ、という。

私もそのことはよく承知していたので、それは臨床心理家だけのことではない、宗教家の場合でも、そうでなければならないのでしょうと受けとっていた。

あるとき、ふたたびそのことが話題にのぼったとき、私は、それはそうであることはいうまでもないけれども、もしも最終段階でどこか違うところがあるとすれば、宗教家の方がコトバで方向性を示すことではないでしょうか、といってしまった。

そのとき、河合さんは黙ったままだった。河合さんは口をつぐんだまま、コトバを発しなかった。

その後、この問題はいくどもむし返されたが、結論らしいものは出ることなく、先送りされていた。そしてそのまま河合さんは平成十九年（二〇〇七）七月十九日に亡くなってしまった。

その晩年の、ある日のことだった。河合さんがポツリといわれた。

「いま、いちばん興味をもっているのはお能です」

そのときはそれ以上のことは、河合さんは何も口にしなかった。

今日われわれの社会では、コトバが氾濫している。コトバは意思の疎通のためにもちろん必要な道具だ。日常の暮らしに欠かすことはできない。

しかしときにコトバが人のこころにとどかないことがある。いや、コトバだけではどうにもならないことが、われわれの現実の生活ではいくらでもある。私などは、いつでもコトバの限界にぶつかっている。コトバの壁の前で立ち往生している。

コトバを発しないまま立ちつくしたらどうなるか、と思わないわけでもない。沈黙といってもいい。そこから美しい沈黙、深い沈黙が生まれてくるかもしれない。そんなとき、本当のコトバの力が発揮されるかもしれない。

聴く人の背中

私なども、ときに身の上話を聴くようなときがある。聴いているうちに三十分ほどが経ってしまう。それでも話は延々とつづいていて、終りそうにない。それでつい口をさしはさみたくなる。

せっかく聴いて、聴いてと思っているのに、辛抱しきれなくなっている。そんな自分に嫌気がさしている。

あるときのことだった。ホテルの庭に面した喫茶室で、相談にやってきた人の話を聴いていた。非難や愚痴のシャワーを浴びているときだったが、外にみえる樹木が揺れはじめ、大粒の雨が大きなガラス窓を打ちつけるようになった。

その人は訴えつづける勢いを止め、外を凝視した。コトバをのみこんで呆気《あっけ》にとられ窓外の変化に注意を向けていた。

しばらく経つうちに、気持の上に微妙な変化があらわれているようだった。コトバが消え、外の景色が大きく立ちあらわれ、気がまぎれたのだろう。対面していたのを転じて肩を並べていた。自然の変化の前でいつのまにか同伴する気分になっていた。それぞれの立ち位置を、語り合う関係から見る関係へと移行させていた。時間がまた、新たに流れだしていた。

ややあって、二人は腰を上げ、別れのコトバを交わした。その人は傘をさし、雨の中に出ていった。

去っていく人の背中は、淋しそうにはみえなかった。満ち足りていたようでもなかったが、さりとて見送る側に不安を抱かせるような背中でもなかった。

そこには、いってみれば三つの時間が流れていた。話を聴く時間、語りつづける人と同伴していく時間、そして最後に背中をみせて立ち去っていく時間、——三つの時の流れである。

相談にやってきた人の背中が聴いて、聴いて、聴く人の背中にだんだん乗り移っていく。それがいつしか、河合さんの背中に重なり合っていくようだった。眼前から、突然河合さんの顔が消え、河合さんの背中が大映しになっていく。

気がつくと、その背中が悲しそうな顔になり、ときに怒り、そして笑っていた。

「諸国一見の僧」――ワキの背中

能の舞台には、よく「諸国一見の僧」というのが出てくる。たとえば、こんな風に。

「これは諸国一見の僧にて候。われこの程は南都七堂に参りて候。又これより初瀬に参らばやと存じ候」

世阿弥《ぜあみ》の名曲「井筒」の冒頭である。「諸国一見の僧」が、諸国遍歴の途中、奈良にやってきてお寺詣りをするのだ、という。何の変哲もない出だしである。何も世阿弥の曲にかぎらない。この旅僧は謡曲ではおなじみのワキ役である。

冒頭、飄然《ひょうぜん》と舞台にあらわれた旅僧が、やがて舞台の中央にすすみ出て、そこから隅に移って坐《すわ》る。そのまま動かず、そのあとに展開する物語をじっとみつめる。

シテ役の亡霊が登場してきて舞を舞うのをじっとみつめている。おのが身の不運を嘆き、かき口説いて身もだえする亡霊のありさまを見守るように、見とどけるように、じっとみつめている。

そのかき口説く嘆きの言葉を一つひとつ聞きのがすまいとき耳を立てている。そして下座でかしこまっている。

ワキは聞き役に徹している。控え目に耳を傾けている寡黙なワキだ。その「諸国一見の僧」の姿が、あるとき私には今日いうところのカウンセラーの振舞いに重なってみえたのだ。

亡霊という名のクライアントの訴えを黙って聴いているカウンセラー、それがこの旅僧の重要な役割だったのかもしれない。もしかすると「諸国一見の僧」こそは、中世における練達の魂の治療者だったのだろう。

沈黙を守るワキ役の隠し芸、である。聴いて、聴いて、ただ聴くことに徹する、聴きつづける人、それがワキ役の「諸国一見の僧」だったということだ。それがもしも世阿弥の発見だったとすれば、これは大変な発見だったのではないか。

旅僧は、はじめのうちは亡霊とだけ対面している。顔と顔を見合せている。やがてコトバが燃焼しつくすときがくる。あきらめの心情が浮かび、無常の風が吹きつけてくる。

シテは、亡霊の目からおのれの顔を引き離し、山川や草木の世界に移動させていく。

対面の形から肩を並べる姿勢へ、と。旅僧は、亡霊の前からすでに姿を消している。「諸国一見の僧」は聴く人から同伴する人へと変身をとげている。そこに、花鳥風月が浮かび上がってくる。花鳥諷詠の風が吹いてくる。

やがて舞台の上では、時が流れて、物語が終る。物語が終れば、亡霊も旅僧も舞台から去っていく。しずかに背中をみせて去っていく。はじめにシテが去り、それにつづいてワキが去っていく。旅僧はふたたび「諸国一見」の遍歴のルートにもどって姿を消していく。正面の舞台から橋掛りへ、一の松の前を通りすぎ、二の松、三の松を過ぎ、鏡の間に吸いこまれていく。あとにのこされるのが、真空の気が満ちる静謐の時である。背中をみせて、ひとり行く人の清澄な残像をのこして……。

旅僧（ワキ）の背中が、人生の有為転変をそのままに映し出している。その周囲にただよう悲哀の旋律がその旅僧の背中を共鳴板にして立ちのぼってくる。

そのときまで舞台に展開されていた物語の流れが、一つの凝縮した輪郭を結ぶ。「諸国一見の僧」の退場は、ひとり行く人のいさぎよい姿と美しさと、それゆえの深い慰めを、その背中をみる者のこころにのこさずにはいない。

たとえば、ひとりという大和コトバにこめられた含蓄は、すでに千年の風雪に耐え、支えられ鍛えられてきたものだった。

『古事記』には、「ひとり神」として生成する神の神話伝承が語られている。アメノミナカヌシをはじめとする五柱の神々は、

「独神《ひとりがみ》と成り坐《ま》して、身を隠したまひき」

と語られているからだ。

『万葉集』に出る山上憶良のつぎのような歌はどうだろう。

「春されば　まづ咲く宿の梅の花
ひとり見つつや春日《はるひ》くらさむ」

中世の親鸞《しんらん》は何といっているか。『歎異抄《たんにしょう》』には、つぎのように「ひとり」の思いが表現されている。

「弥陀《みだ》の五劫思惟《ごこうしゆい》の願をよくよく案ずれば、ひとへに親鸞ひとりがためなりけり」

そのような「ひとり」の伝統は、近代になってたとえば尾崎放哉《ほうさい》のつぎのような句を生みだした。

「咳《せき》をしてもひとり」

無限に孤独な「ひとり」である。しかし広大な天地の中に包まれ抱かれている「ひ

とり」である。

そのような「ひとり」の伝統の中にさきの「諸国一見の僧」のひとり行く姿を投げ入れてみよう。能の舞台を最後に立ち去っていく旅僧の背中に、そっと挿入してみよう。能の舞台がこうした「ひとり」の伝承の中から、そのエッセンスをつむぎだしたものだったことがわかるはずだ。カウンセラーという存在もこの聞く（聴く）人として自己を見出す人間だったことがみえてくるだろう。

それが、河合隼雄さんの生涯にそのまま重なる。クライアントと対面し、同伴し、最後になってその背中をみせて去っていく聴く人、河合隼雄……。

能舞台の「諸国一見の僧」が私のこころのうちに喚起する、臨床心理士・河合隼雄の忘れ難いイメージである。

この「諸国一見の僧」のあり方は、むろんたんにカウンセリングの臨床場面にだけ適用されるものではないだろう。現代医療のさまざまな現場においてもみられるあり方ではないだろうか。さらにいえばそれは、家庭における父母と子どもたち、また教育現場における教師と学生たちの関係においても適用可能の、人間のあり方の原型を指し示しているもののように私は思う。

河合隼雄さんは、そのようなことをいつも私に気づかせ、思い出させてくれる人だった。

禅と精神分析

昭和五十九年（一九八四）のことだから、もう四十年近く前のことになる。その年の八月、東京である国際会議が開かれた。「日本の心・フランスの心――フランス精神分析学者との対話」と題するもので、ラカン派の精神分析学者ジャン＝マックス・ゴディリエール夫妻が来日したのを機にもち上がった企画だった。

夫妻は土居健郎の『「甘え」の構造』を高く評価し、その書評の一部がフランスの雑誌『クリティーク』に発表されていた。このシンポで基調報告をしたのが、当のゴディリエール氏（当時、パリ社会科学高等研究院教授）と土居健郎、および河合隼雄の三人。この三人を交えて自由討論に参加したのが、フランソワーズ・ダヴォワンヌ氏（ゴディリエール夫人、同じく研究院教授）と、井筒俊彦、湯浅泰雄、木村敏、中川久《ひさ》定《やす》の諸氏、その末席に私もつらなった。

このように西洋の心と東洋の心のあいだに「橋」をかけようとする試みが、いままでになかったわけではない。アメリカの代表的なフロイト派の精神分析家であったE・H・エリクソンは『ガンディーの真理』を書き、そのなかでフロイトの精神分析の方法が、ガンディー流の非暴力における内省の方法にきわめて類似しているといっている。

人間の暴力的な欲望に非暴力的に近づこうとしている点で、その両者にはきわめて親縁な関係があるといったのだ。フロイトとガンディーのあいだにかけようとした「心の橋」だった。

同じように欧米の精神分析医や研究者たちも、しばしば禅の公案と精神分析がよく似ているといっている。統合失調症患者が精神科医にむかって問いつめるやり方が、老師の鋭い舌鋒に追いつめられていく弟子たちの受難の場面に比較されてもきた。

右のシンポでは、ゴディリエール夫人のダヴォワンヌ氏によってつぎのような患者たちの理不尽な問いが紹介されていた。

患者一、――「私の病気はいまとても悪くなっていますが、このように悪くなるともう治っているのです。しかし治ると、とたんにもう悪くなっています。どうしてくれますか」

患者二、――「私はもうこれ以上生きていたくないから、あなたのところに来たのです。どうか死なせてほしい。すぐ答えて下さい」

患者三（強姦された経験をもつ女性）、――「もしもあなたがこのこと（強姦されたこと）を非難すれば、私は自殺します。しかしもしもあなたがそれを認めれば、私はあなたを殺します。さあ、どう答えますか」


このような患者たちの理不尽な問いは、たしかに老師によって提出される理不尽な問いとよく似ている。

たとえば『無門関《むもんかん》』にこんな問いがもち出されている。ブッダが異教徒（外道）に出会ったときのことだ。その異教徒がブッダに問いかける。

「言葉《コトバ》（有言）でもなく、沈黙（無言）でもないもの、それは何か」

異教徒を患者、ブッダを医師として考えてみよう。医師（ブッダ）はどう答えるか。ブッダは「しばらく黙って坐っていた」とあるだけである。その姿をみて、患者（異教徒）はハッと気づく。迷いの霧がはれた、というわけである。

コトバでないもの、沈黙でもないものは何か、という問いは、「悪くなると治る、治ると悪くなる」と駄々をこねている患者の口吻《こうふん》に似ている。公案ではよくいわれる「犬にも可能性（仏性）があるのか」の問いは、「死ぬためにあなたのところにきた」と問いかける甘えの告白に通じている。

答える側は、そうだともいえない。そうでないともいえない。立ちつくし、立ちどまり、静かに黙っているほかはない。そのうちに葛藤がほどけるだろう。緊張が解けるかもしれない。

そのあとは「それでよし」というもよし、「まだまだ」というもよし……。

時が熟す、ということもあるかもしれない。

調停の時がやってくるかもしれない。

問いと答えの葛藤が自然に解けるときもあるだろう。

そのとき、心と心のあいだに「橋」がかけられる。東の心から西の心へと開通する時がくる。その可能性が開かれている。

まさに開かれている、と考える。

河合さんの貧乏ゆすり

河合さんは、間近で話を交わすようなとき、よく「貧乏ゆすり」をする人だった。それはときに激しく両脚を揺らすこともあった。

大小さまざまな会議にもご一緒したが、そんなときにも、それは出た。けれども講演をされるときは、さすがにそれはみられなかった。けれどもたいていの場合、坐って人の話を聴く場合も、ご自身が語られるときも、この貧乏ゆすりがあたかも同伴者のようについてきた。

坐って、腰を降ろして話をするとき、テーブルの下で、両脚がカタカタといっている。それは河合さんと接したことのある人なら誰でも気がついていたのではないだろうか。

あの貧乏ゆすりがはじまると、私はいつも緊張していた。

もちろん河合さんといえば、誰にもあの当意即妙の駄洒落で知られる。講演などでも河合流のユーモラスな話で会場をわかせる。

けれども私自身の問題としていえば、それでも河合さんの両脚はテーブルに隠された下の方ではブルブル震えているのだろうと妄想の翼が広がっていたように思う。じっさいはおそらく、両脚で立っているから、そのときばかりはゆすりは出ていないのだろうけれども……。

それだからであろうか、私はいつのまにか河合さんの駄洒落や冗談のコトバに、半歩遅れて笑っていたように思う。周りの人々がワッと沸いているのにちょっと遅れて笑っていることに気づいたのである。

はじめのうち私は、この自分の「半歩遅れ」は河合さんの早口の関西方言についていけないところからきているのだろうか、と疑っていた。東北育ちの自分には、関西弁にたいする苦手意識があったからである。

私はこの問題を、河合さんに直接聞いてみようと思っていた。が、聞こう聞こうと思いながら、つい気遅れがしてストレートに聞く機会を失っていたのだった。

それもまた、さきにいった私の緊張感と連動していたのかもしれない。その緊張感のためであろうか、ユーモラスなジョークを飛ばしている河合さんの顔が、そんなときかならずしも笑ってはいないことにやがて気づくようになったのである。

それどころか私の目にはむしろ怖い顔のように映っていたのだ。

それからだっただろうか。あの神経的な下半身の震えは、いったい何だろうかと思うようになった。小刻みに連動しつづける下半身の運動を、われわれはいったいどうして「貧乏ゆすり」などというコトバ遣いで表現するようになったのだろうかと思うようになった。

それは、はたして日本人に固有の問題なのか否か、である。

試みに、手元にある『新和英大辞典』（研究社）をみてみよう。

そこにはこの「貧乏ゆすり」に、nervous shaking of the body の英語があてられていて、「貧乏」のコトバは、どこにもみられない。どこかの行間に隠されているのか姿を見せない。

もしもそうなら、逆に、日本人はなぜ「貧乏ゆすり」などというコトバ遣いでその身体的な「震え」を表現してきたのか、その小刻みなからだの震動をあらわそうとしてきたのか、新しい疑問が出てくる。

「貧乏ゆすり」の「貧乏」に、たんなる貧乏ったらしい暮らしの「プア」（貧しい）を重ねただけなのか。

そんな途方に暮れる気分に陥っているときだった。たまたまアメリカの心理療法家たちのグループで、患者の治療中に当の治療者自身が突然「咳《せ》きこむ」ことがある、という情報に接したのである。

その「咳きこむ」からだの異変を psychic cough といっている。私は、ああっと思った。患者の心に踏み込み、葛藤の秘密をのぞき見ようとしたとき、治療者の方が突然、はげしい咳きこみに襲われる。目眩《めま》いのような共感、引きずりこまれるような共振、場合によっては貰い泣きといってもいいような現象……。でも他方、治療者仲間のあいだでは精神病理的な咳きこみ（？）とも呼ばれているらしい。

「貧乏ゆすり」の英語として nervous が選ばれ、それにたいして「咳きこみ」には psychic が採用されているわけであるが、そのあいだにどんな差異の意識があるのだろうか。それともどんな共通性がみとめられるのか。それが、よくわからない。

けれども意識的に考えれば、たしかに貧乏ゆすりもはげしい咳きこみも心の葛藤がからだの振動に乗り移った一時的な異変と映る。クライアントとカウンセラーのあいだで行なわれる憑依《ひょうい》のドラマだ。

とはいっても、よくよくみれば、やはり両者の差異性は歴然としてもいる。「貧乏ゆすり」における身体的な異変は治療者の下半身におこっているのにたいして、「はげしい咳きこみ」の方は上半身で発生しているからだ。「咳きこみ」は脳、神経系の言語中枢にかかわり、「貧乏ゆすり」は臍下丹田《せいかたんでん》系の無意識の領野にかかわるようにもみえるからである。

コトバと無意識、である。

人の身体の解読法として何も珍しいことではないが、上半身の「咳きこみ」、下半身の「貧乏ゆすり」という表現のしかたに、私は何となく魅かれる。ズブの素人であるためかもしれないが……。とりわけ話が河合さんの「身体」であるからというのも大きい。

そして無意識といえば、このごろ私は、コトバの海から無意識の森へ、という気分によりいっそう誘われるようにもなっている。

世の中には、いまコトバが氾濫し、コトバ探しに夢中になり、そしてその分コトバの中味が風化しはじめてもいる。聴いて、聴いて、聴くことに徹する文化や作法が色あせてきている、ということもある。それが、われわれのからだの無意識領域で、いろんな痙攣《けいれん》や緊張をひきおこしている。

私がこの河合さんの「貧乏ゆすり」に気がついたのは、かなり早い時期からだった。そのうち不思議なこともあるもので、もう一つの「貧乏物語」が、河合さんのイメージとともに浮かび上がってきた。

「河合さんはいつも『貧乏くじ』を引こうとしていたんだ！」

声にならないコトバ（ひらめき）が、皮肉なことに、一筋のミステリアスな小路を通って目の前に飛びでてきたのである。

「あみだくじ」で「貧乏くじ」を引く

ノンフィクション作家の最相葉月さんが『セラピスト』（新潮社、二〇一四）という本を書いたとき、私にも送ってくださった。それは戦後の日本において、二人の先駆的なセラピストがやってきた仕事をとりあげて、その要所を克明に紹介するものだった。

その二人とは、臨床心理士の河合隼雄と、精神科医の中井久夫である。

ここで唐突に映るかもしれないが、この作品の巻末近くのところで著者は、つぎのような河合隼雄をめぐる興味ある素顔を引きだしている。その部分をぜひとも多くの読者に紹介しておきたいと思うので、まずそこから話をはじめたいと思う。

このエピソードは、少々長くなるけれども、河合さんの仕事ぶりや人間性を巧みに浮き彫りにしているからである。

河合隼雄といえば、箱庭療法による治療でよく知られる。昭和六十二年（一九八七）に日本箱庭療法学会を創立しているが、それ以前から全国各地には河合自身も把握しきれないほどの自由な研究会がつくられるようになっていた。

そのなかに、兵庫県明石市の明石箱庭療法研究会というのがあり、その創設メンバーの一人に村山實《みのる》という人物がいた。

村山は、姫路カトリック教会ザビエル館の相談室でカウンセリングを行なう臨床心理士だった。賢明女子学院の社会科教師だったとき、ある生徒が学校に通えなくなり、相談にのってほしいと頼まれる。それで近くにあった教会の部屋を借りてその生徒と両親の相談にのるようになった。一九六三年のころである。

当時、カウンセリング界で大流行していたのがカール・ロジャースのはじめた集団精神療法だったが、何をやっているのか理解できなかった。

それから四年ほど経った昭和四十三年（一九六八）一月五日のことだった。村山は、天理大学で開催された箱庭療法セミナーに参加した。その日は、六人の参加者ごとに一人の指導者がついて実習が行なわれ、終ってから河合の「イメージとシンボル」と題する講演が行なわれた。最相さんは、その後におこったことをつぎのように書いている。


講演を終えると河合がいった。

「みなさん、ごくろうさまでした。あみだやりませんか」

そう呼びかけると、若い女性の参加者が「あみだってなんですか」と訊ねた。

河合はその質問には答えずに鞄《かばん》から一枚の紙を出して人数分の線を引いた。

「あ、あみだくじか」という声が聞こえた。参加者からお金を集めて食べ物や酒を買いだしに行く担当を決めるくじだった。夜は旅館の広間で懇親会が行われることになっていたのである。

あみだくじの結果、河合が買い出し担当に、村山は、最初に食べ物に箸をつける役になった。それでは申し訳ないと思った村山は、河合の買い物についていくことにした。

道中、村山は「講演、さっぱりわかりませんでした」と正直に打ち明けた。

河合はいかにも呆《あき》れた顔つきで、「あほか」といって笑った。


村山が河合さんの人物に惚《ほ》れこみ、箱庭療法に深くのめりこんでいったのは、そのことがあったからだった。

私は最相さんが伝えるこのくだりを読んだとき、河合さんははじめから、損なくじを引くのを前提に、いやむしろみずからすすんで「あみだやりませんか」と呼びかけているように感じた。食事の係りをきめるのに「あみだ」の方式をとろうといいだした河合さんは「あみだくじ」で「貧乏くじ」を引いてもいい、いや引きたいという気分だったのだろう、と思ったのである。

もちろん、常識的にいえば「あみだくじ」と「貧乏くじ」のあいだには何の関係もない。「あみだくじ」は、集団で仕事の分担をきめるとき、その軽重や難易の差を度外視してきめるときの選択方法である。いってみれば偶然と平等を基準とする「くじ引き」である。もっともデモクラティックな選別方法といっていい。

その原始的ともいうべき素朴な作法が、私の目には、何となく「貧乏くじ」を引くというコトバを手元に引き寄せてくれたように思ったのだ。さらにいえば、そんな一瞬の幻想のようなものが、セラピスト河合隼雄の箱庭療法の現場の光景と結びつけたのかもしれなかったのである。

危機の中の人生対談

これは哲学者の加藤尚武さんから教えられたのだが、このごろ英国の大学では、倫理学などで論じられている「ロッタリー・セオリー」というのが人気を呼んでいるという。

ロッタリー（lottery）とは「籤《くじ》」のことで、「くじ引き理論《セオリー》」と訳されている。われわれが危機的な状況に追いこまれたときどのように行動するか、理論的に考えてみようというわけである。（加藤尚武『現代倫理学入門』講談社学術文庫、一九九七）。

わかりやすい例として、前世紀最大の海難事故として知られるタイタニック号の場合でいうとどうなるか。あのときはまず乗船者たちを、救命ボートに乗るグループと船にのこり本船と運命をともにするグループに分けるところからはじまる。そのときの選択基準が子ども、女性、老人をボートに優先的に乗せることだった。

しかしこの選択の基準はかならずしも公平なものとはいえなかった。なぜなら女性でも健康な人、中年男性でも身体に障害をもっている人、さまざまな弱点をもっている人がいるわけで、一つひとつとりあげるとそれぞれ事情が違う。とても公平な選択というわけにはいかない。

女性優先、子ども優先、老人優先と決めても、うまくいかない。それで結局、最後にのこるのは「くじ引き」だけだということになる。危機にさいして採用される選択の手法がいつもこのように決められるとは思われないが、しかし「公平」という基準を徹底させていけばこうなるだろう。

しかし当事者がもしも日本人だったときは、どうなるか。問題は、そこである。そのときは、おそらくその「くじ引き」というやり方に、いずれかの段階で異議申し立ての発言がでてくるような気がする。くじ引きではたしていいのか、と。まずは、やはり弱き者は除こう、より強い者が犠牲になるようにしよう、そういう選択の意志がはたらく。日本人ならまずそういう発言がでてくる気がする。

そこへ、ほとんど同時に「お前ならどうするか」という天の声も聞こえてくるはずだ。

そんなギリギリの状況のなかで、私にとって考えられる選択は一つしかないような気がする。そんな場合、はたして自分にそれができるかどうかはわからないけれども、一つの可能性として「私がその犠牲の第一号になります」と名乗りでること、つまり最後の「貧乏くじを引く」ことではないか。

英語にはこんな場合、「ジョーカーを引く」というのがあるが、そこにはゲーム感覚の悪運、あるいは強運（?）という意味がこめられている。これにたいして自分がその第一号になるというのは少々オーバーな気負いのニュアンスがにじみ出ている。けれどもその危機を「わがこと」として引き受けるには、せめてそんな覚悟を引っさげるほかはないだろう。

その後、どうなるか。日本人の同朋意識とか仲間意識というのをみて考えると、どうもそのままでことが収まるとはとても思えないからだ。

そんなに間をおかずに二人目の犠牲志願者があらわれる。その第一発言者がそれらしい人物に近づいていくということもあるだろう。

そこで「どうですか」と声をかける。その試みがうまくいくのを見とどけてから、三人目へと……。

このあたりで語り合いがはじまり、「相談」が開始される。まさに危機の中の人生相談だ。そうこうしているうちにどこからか手が挙がり、こんな発言をするだろう。「犠牲者を探しだして、他の者が生き残る、そのような選択の仕方ではたしてよいのだろうか」という異議申し立てである。

そのくらいなら、ここはやはりその危機を全員で引き受けようではないか、という意見だ。もっともこのような発言のウラには、よくジョークでいわれる「赤信号、みんなで渡れば怖くない」が皮肉な表情をたたえて、街の看板のように立っている。もっともそれが今日、われわれと社会の日常的なジョークになったのは、それがこれまでの日本人の倫理感覚や価値観を指し示しているからなのであるが……。

それが、さきのロッタリー・セオリーとどうかかわるのか。もうすこし先にすすんでみよう。

はてしなく広がる無意識の領野

さきのタイタニック号事故にみられる「救命ボート」思想の源流を探っていけば、旧約聖書の「ノアの方舟」物語に行き着く。大洪水がおこり、ほとんどの人間が滅びなければならない危機に、ノア一族だけが神に嘉《よみ》せられ、方舟＝救命ボートに乗って救出される。

ところがこれにたいして、ほぼ同時にアジアの地で発想された物語をもち出すとすれば、さしずめ仏教の語りのなかに顔を出す「火宅無常」の物語ということになるのではないだろうか。この「無常・セオリー」はさきの「ロッタリー・セオリー」、つまり生き残り戦略とくらべると、かなり異質な考え方にもとづいているように思われる。むしろ対極的な思想に根ざしているといっていい。

なぜなら「火宅無常」の物語では、世界は今、巨大な火炎に包まれ人類とともに燃え尽きようとしている。この非情、無常の現実をそのまま放置すれば全員死滅の運命にさらされる。

さて、どうするか。

「もしも全員死滅の運命ならば、その過酷な運命を全員で受けとめよう」

生き残り戦略にたいする無常戦略である。

それが今日なお、日本人のこころのDNAとして生き残っているのかどうか、判断するのが難しいのだが、理屈をいえばそうなる。

ただこのような無常戦略が、これまでのべてきたロッタリー・セオリーとうまく共振するのかどうか。さきにもいった偶然と公平にもとづく「あみだくじ」の選択と、抵抗なく手を結べるのかどうか。というのも、無常はもしかすると偶然と公平を有無をいわずに腹中にのみこんでしまいかねないからだ。

ここで、さきにふれた『無門関』に出てくる問答の場面がふたたび浮かび上がる。ある異教徒が釈迦のところにやってくる。

「言葉にならないもの、しかし沈黙に終らないもの、それは何か」という問いを発する場面だ。

その問いに釈迦は応ずるのか、応じないのか。

釈迦は黙ったまま、静かに坐っていた。

釈迦の下半身は、貧乏ゆすりで揺れていたのかもしれない。揺れていたような気がする。何しろその下半身も、大地を通して無意識の広大な領域にそのままつながっていたはずだからだ。

だが、伝承や物語はそうは語ってこなかった。釈迦の全身は不動の姿勢で大地に安座している――そのようにしか伝えてはこなかったからだ。

釈迦は、いぜんとして沈黙のなかに坐っている。釈迦の下半身も、いぜんとして大地のなかにすっぽり隠されている。大地そのものに埋没している。

釈迦を見て近づこうとした異教徒は、そのまま退散するほかはなかっただろう。沈黙のなかに憩う釈迦には、もはや上半身も下半身もない。その背後にはてしなく広がっているのは、つかみどころのない無意識の領野だけだから……。

非人情の風にさそわれる

道元は八歳のとき、母を失う。それで出家の風にさそわれ、十四歳のころ比叡山にのぼって、修行をはじめた。

やがて、山に失望。そこでは仏法がすでに廃《すた》れ、尊敬する師がひとりもいない。

二年たらずで下山し、京都の建仁寺に入る。住職をしていたのが明全和尚《みょうぜんおしょう》、勧められていっしょに中国に渡る。二十四歳になっていた。

めざしたのが、揚子江デルタ地帯の一角を占める天童山。そこで生涯の師、如浄《にょじょう》禅師と出会う。ときに二十六歳。

如浄の下で修行に励み、悟りとは何か、そのたしかな感触をつかむ。四年の中国滞在ののちに、天童山を辞去。そのとき師は弟子にいう。

国王と権力に近づくな。

深山幽谷こそ、おのれの棲《す》み家と知れ。

帰国した道元は、京都深草の地に最初の道場をつくる。やがて意を決し、越前（現・福井県）に身を転じ、永平寺を開く。師の戒めを守るためだった。

道元が仏法の究極と定めたのが坐禅。ただ、一心に坐れ、ということだ。只管打坐《しかんたざ》という。そこにこそ、インドの釈迦にさかのぼる黄金の道が開けていると考えた。中国の達磨《だるま》以降の禅も、そこに発する。

坐れば、ブッダ（悟った人）になる。坐ればダルマになる。実現するのはおぼつかないが、何とも胸のすくような言明だった。

永平寺にかぎらないが、禅の道場には一種の非人情の風が吹いている。人間と、その人間の影すらがふっとかき消えてしまうような、そんな風である。深山幽谷に棲みつくことが、そもそもそういうことだと道元は思っていたのだろう。雲水たちが今も、永平寺の長い廊下を足早に歩いていく。一人、二人、三人……。雲水たちの歩く姿はやがて影になり、堂の白壁に吸いこまれていく。庭先の樹立ちのかなたにまぎれ、廊下の奥の空間に消えていく。軒下に走り去り、猫が屋根裏に走り去っていくように消え去る。

あとに残されるのが、物音ひとつ立たない、元のままの長い廊下、白壁、庭の樹立ち――それが眼前に広がっているだけだ。

坐禅堂に入ってくる雲水たちをうかがう。かれらの姿はすでに明暗のなかを漂う影絵のように厚みがない。血気が蒸発し、涼しい風を切って歩いてくる。

影の葬列が水平に移動してくる。やがて堂内の壁にむかい、一人、二人、三人……と、つぎつぎに坐っていく。坐ったまま動かない。板のような碑《いしぶみ》のような背中をみせ、呼吸の音すら消して、大気のなかに身をすべりこませている。

時の経過とともに、一つひとつの影が石に化していく。樹に変じている。人の列が影の列へ、影の列が木石の列へ……。禅堂がそのゆるやかな変容のプロセスを演出している。

道元の戦略だったのだろう。人間の影になって僧堂のなかに消え去れ、庭のなかに融けこめ——。

道元が永平寺で創造しようとした当のものが、そうした非人情の風にさそわれることだったのではないか。禅の空間にしみこませようとしたのが、その非人情の哲学だったのだと思う。

この非人情に徹しさえすれば、言葉が自在にあふれだす。白壁が問答の教場に変じ、庭前《にわさき》が詩の束をつむぎだす。草木までが一幅の絵になって立ちあがってくるだろう。そう道元は考えたのだ。

背中をみせて消えていく

永平寺の名物に「三黙道場」というのがある。沈黙を守るべき三つの場所、という意味だ。

食堂《じきどう》、東司《とうす》（便所のこと）、浴室《よくしつ》である。

ひとたびそこに入れば、一切音を立てずにことをすませよ、ということだ。無理難題の公案（試験問題）といっていい。雲水たちはその三つの道場で、毎日のように非人情の哲学に励んでいる。

もちろん私のような門外漢も、ひとたび永平寺山内に入れば、その掟《おきて》を守らなければならない。道元以来の遺風である。道元に参じようとすれば、沈黙道場に身をゆだねなければならない。

その食堂で、雲水たちはいつも一切音を立てずに食事をとっている。飯を口に運び、汁をすすり、タクアンを噛んで嚥下《えんげ》するのに一切音を立てない。

しかしそれくらいのことなら、真似をしてできないことではない。難しいのは、椀や皿を上げ下げするときだ。カタッ、コトッと、器物のぶつかり合う音がどうしても立つからだ。それが静寂の空間を切り裂き、天井までとどく大音声となってひびく。だが雲水たちは、器物のぶつかり合う音を立てず、さり気なく飯を口に運んでいく。なぜそんな離れ業ができるのか。

よくみると、椀や皿の上げ下げ、箸の上げ下げに、かれらはいちいち両手を添えてそうしている。気の遠くなるような単調なくり返しである。

だが、その両手両腕の単調なくり返しのなかで、一切の音が消されていた。食欲を満たす動物感覚が、影絵のような食事作法へと変容をとげていく。

驚かされるのは、その影絵のような所作が、目のさめるような美しいからだの動きになっていることだ。シンメトリカルな身体の形が、揺れるような明暗のなかに浮かび上がってくる。禅の空間が演出する、一瞬の美の閃光である。食の作法が非人情の絵になり、詩になる瞬間である。

道元が真に追い求めようとしていたのは、じつをいうとまことにはかないものだったのかもしれない。影絵のように空寂としたものだったのではないか。

永平寺という空間は、その有るとも無いともいえないような、はるかな伝統を今に映しだす鏡のような場所、であるのだろう。

河合隼雄さんが亡くなってから、もう十五年が経つ。ずい分前のことだったような気もするが、つい昨日のことだったような気もする。

河合さんの姿がすっとあらわれ、やがて静かに消えていく。目をあげると、その姿がいつまでも未知の先の方まで小さくみえている。

そんなとき河合さんはいつも顔はみせない。背中だけをみせて、ゆっくり足早に歩いていく。何となく、舞台の袖を去っていく感じになっている。ワキの姿のように、ワキの背中をみせながら消えていく。

「箱庭」発想の生みの親

いつごろだったか、河合さんはこんなことをいって、私を驚かせた。

「自分が大学の数学科に入り、仲間たちとはじめて顔を合わせたときだった。五、六人いただろうか、そのなかで、このまま数学でメシを食っていく奴が誰であるか、すぐわかった」

その言葉は、その後の河合さんの人生をすでに予告していたようだ。

河合さんの生地、兵庫県の丹波篠山《たんばささやま》は、周囲を山にかこまれた盆地である。年中深い霧が流れ、耕作地が広がり、野菜の実りが豊かである。

盆地の特徴には、二つあると思ってきた。私も岩手・花巻の盆地育ちだったからである。

ひとつ——自然が美しい割には、外部との交流がやや閉鎖的。だからこのような盆地人の想像力はややもすれば水平よりは垂直に伸び、宇宙への旅を夢見る。啄木や賢治の場合を思えばいい。かれらは盆地に生まれ育ち、やがてそこを跳びだして、多くの物語をつむぎだした。

ふたつ——日本列島的な盆地景観は、たいていの場合、森林地帯、耕作地帯、都市空間という三層の構造になっている。それは縄文と弥生と近代の三層にわたるわれわれの意識と重なり合っている。それが響き合い、一種のマンダラ的な心の土壌を生みだしてきた。この国のどこにでもみられる「庭」的な宇宙圏の原型ともなってきた。河合さんによる「箱庭」発想の生みの親である。

箱庭療法の心理的な土台である。

河合さんからの電話

河合さんからは、ときどき電話がかかることがあった。公務にかかわることもあったが、個人的な用向きのときもあった。

電話器の向う側から声がきこえてくる。それはいつも、こんな風にはじまった。

「あんね、あんね……」

それは「あのね……」ではなかった。いつも「あんね……」だった。

その「あんね……」の前には「やまおりさん？」がくっつくときもあった。しかしたいていは「やまおりさん」は省略されていたように思う。

こちらが「もしもし……」と受けると、それで本人であることがわかるので、冒頭から「あんね……」になるのであるらしかった。

その「あんね……」の声をきくのが私は好きだった。関西なまり（丹波なまり？）の「あんね……」の声がきこえてくると、「あ、河合さんだ」と思い、それだけで気持が和んだ。

話の内容がまだ告げられていないうちから、

「ハイ、わかりました」といってしまいたくなるのだった。

その「あんね……」をもうきくことができなくなったのだ。それが無念でならない。

あの「あんね……」こそ、何ものにも代えがたい珠玉のような挨拶の言葉だった。

河合さんは誰にたいしても、あの「あんね……」という言葉で話しかけ、語りかけていたのではないだろうか。

おそらくそのことと関係があるのだろう、河合さんは、対談の名手でもあった。私も何度かお相手をさせていただいていたから、そのことは身にしみてわかっている。どのような席においても、何かの拍子にその「あんね……」が飛びだした。話が入り組んだり、もつれてきたりすると、それが出てきた。すると不思議なことに、話の流れがもとにもどり、ゆるかやなリズムにのりだすようになっていた。

けれども対談のなかでは、河合さんはかならずしも口数の多い人ではなかった。むしろ言葉はいつも少な目で、聴き役に回ることの方が多かった。

河合さんはいろいろな分野の人びとと対談し、楽しんでいたが、言葉少なにあいづちを打っているだけの方が多かった。それどころか、ときにほとんど沈黙を守っているような、そんな場面もあった。

そのためであろうか、「あんね……」の河合さんのイメージと並んで、沈黙がちの河合さんの姿が、私には気になるようになった。話し合っているうちに、いつのまにか黙りこくっている、そういう河合さんの姿に、虚をつかれるような思いをしたことがいくどもある。

そんなとき、河合さんはもしかすると心理学者であることを嫌がっているのではないかと、そう思った。心理学者として語ることに、つよい違和感をお持ちなのではないか。心理学の専門用語を使うことに、ひそかに嫌悪の気持を抱いているのではないか。そう疑ったのである。

道教の賢者、その原像

河合さんは、昭和三十四年（一九五九）にフルブライトの留学生としてＵＣＬＡに学び、シュピーゲルマン教授から夢分析をうけたのだという。そのときのことをご本人の口からも聞いたことがある。おそらく河合さんが新しい人生にむけて、その第一歩を踏みだす転機になるような経験だったのだろう。

そのときの分析の対象とされた河合さんの見た夢というのが、何ともユニークで、面白い。それは河合さんがどこかの街角で、道教の賢者が彫られているハンガリーの貨幣を拾うというものだった。キリスト教の賢者ではなく、道教の賢者というのが、いかにも河合さんらしいようにもみえ、また逆に河合さんらしくないようにも私の目には映っていたのである。

これはもしかすると後年の河合さんが、道教の賢者にもひとしい存在になって、東洋と西洋の橋渡しをするようになる運命を、それとなく暗示する夢だったのかもしれない。そのことを河合さんは、かなり早い段階からそれとなく自覚するようになったのではないか、そう私は私で想像していたのである。

しかしよく考えてみれば、この東洋と西洋の橋渡しということほど、言うは易く行なうのが難しい仕事もない。西欧発の心理学を学んで最新の心理学者になるのはむしろ簡単である。

しかし西欧発の心理学を、あらたに東洋へと橋渡しをする仕事となると容易ではない。河合さんはいつしか、その重い仕事を、背負って歩いていく。そのことをわが身に積極的に引き受けるようになった。

それだけではない。そのような仕事は心理学者にとってふさわしいというよりは、むしろ賢者にとってこそふさわしい仕事ではないか、そのように思うことがなかっただろうか。もしかすると河合さんは、その時点で意識されていたのかどうかはわからないけれども、たんなる心理学者になることをすでに断念していたのではないかとも思う。心理学者であることを嫌がる衝動が心の底で渦をまきはじめていた……。

河合さんのその後の人生をみていると、そのような想像が自然に頭の中に広がっていく。

河合さんはアメリカでの留学体験のあと、スイスのユング研究所に行って、分析心理学を学んでいる。ところが帰国してみると、その当時の日本では、ユング派の分析は「非科学的」とみなされ、学界での市民権を得てはいなかった。

伝統的な実験心理学やフロイト流の心理学が主流だったからである。

それで河合さんは、やむなくユング心理学をそのままストレートにとりあげることを抑制するようになっていく。ユング心理学が大切にしている昔話や神話のことについても、十年以上にわたって沈黙を守る生活に入っていった。

沈黙することに慣れていく河合さんがそこにいる。沈黙しながら頷いている河合さん、といってもいい。対話の中で言葉少なに口ごもり、ときに「あんね……」を発する、賢者の原像のようなものがしだいにできあがっていったのだろう。

もう一つ、忘れがたい思い出がある。河合さんはあるとき、臨床の現場で深い疲労感に襲われ、そのまま死ぬのではないかと思うことがしばしばあった、と告白している。

私は、その河合さんの疲労感がどの程度のものだったのか想像することができなかった。しかしその疲労感が河合さんの沈黙しがちな姿勢のなかに塗りこめられていることを感じないではいられなかった。心理療法家と患者のあいだの橋渡しが決して容易なものではないことも、その深い疲労感が問わず語りに物語っていたのだ。

ユング心理学からの離脱

河合さんが、心理学者嫌いの賢者好きであったらしいことを示すエピソードのもう一つを、明恵《みょうえ》上人《しょうにん》との出会いのなかに探ってみよう。

明恵は鎌倉時代に活躍した僧であり、親鸞や道元の同時代者だった。しかし日本の宗教史の上では主流を歩いた僧というよりはバイプレイヤーとされてきた。だから一般には、その明恵の思想を知る人は少なく、かれの実践の世界に通ずる人はさらに僅少であった。

ところがこの明恵には、十九歳のときから書きはじめ、六十歳で死ぬ前年まで書き継いだ夢の記録がのこされていた。この明恵の『夢記《ゆめのき》』の存在を知った河合さんは、やがてその魅力にとりつかれ、この人間の心の世界に歩み寄っていく。ほぼ二十年近い歳月を明恵とともに過し、その宗教世界と対話を重ねたすえに『明恵 夢を生きる』という著作にまとめあげている。

これまでこの作品は、明恵という人間をユングの方法を用いて分析し、解釈したものとされてきたが、私はそうは思わない。むしろ河合さんは明恵の世界との接触を通して、ユング心理学の世界からしだいに離脱をはかろうとしていたのではないか、と思うからだ。

アキエさんの夢世界

明恵は幼少の折に、自分の顔に焼け火箸《ひばし》をあてようとしたことがあった。十三歳のときには捨身（自殺）を試み、二十四歳になったときは自分の耳を切り落としている。また十六歳のときのことだが、夢のなかで狼に食われる、という凄い話ものこしている。

明恵は若いうちから、なぜそのように過激な行動にかりたてられたのだろうか。いろんな影響、とりわけかれ自身の性格の問題なども考えなければならないが、そこのところがじつのところよくはわからない。

これらのうちとくに狼に食われる話についていうと、河合さんは二つの方面から解釈を加えようとしている。だがそれがいつもの河合さんらしくなく、いささか堅苦しい説明になっているのである。

一つが、仏教の伝承にもとづくものだ。仏教では「九想観《くそうかん》」というのがあって、人間の死後の状態を腐敗をへて白骨にいたる九段階に分けて観想するのだという。

その腐乱した人体を、犬や鳥が食いあさっている光景が中世の絵画にでてくる。それをみた記憶が夢の中にあらわれたのであろうという。

もう一つが西欧の伝承である。西欧の錬金術にかんする書物には、「煆焼《かしょう》」(calcination) という話がでてくる。その主題を示すものに、王が狼に食われる場面があらわれるが、それは人間がしだいに変容をとげていくプロセスを象徴的に表現したものだという。死と再生の物語、というわけである。

みられる通りそこでは、仏教伝承の「捨身」と西欧伝承の「煆焼」がいわば対比される形で投げだされているだけであって、その両者のあいだにとくに橋がかけられているようにはみえない。河合さんの自在な思考がそこで翼をはばたかせているようにはみえないのである。

ところがその河合さんの筆が明恵と「母なるもの」との関係を語る段になって、にわかに生気をとりもどす。とりわけ明恵と「女性」の関係を解き明かそうとするくだりになって明るいリズムを帯びはじめる。

明恵という僧は、一生のあいだ「不犯《ふぼん》」をつらぬいた禁欲僧だったが、女性にたいしてはもちろん性の世界そのものにたいしても常に開かれたものだったと、河合さんはいっている。

明恵の『夢記』にはときにきわどい性夢の話も登場してくるが、そこにははげしい葛藤をへたあとの、ほとんど明恵自身と対等の関係におかれた女性像が浮かび上がってくるのだという。そのようなことを自由に論じているときの河合さんが、私の目にはほとんど心理学者としての仮面をかなぐり捨てているように映る。

明恵と友達になってしまった河合さんがそこにいる。そんな気分にひたって、楽しくなっていたときのことだった。河合さんがある新聞にエッセイをたのまれ、明恵を紹介する文章を書いていたのだ。そのなかで、明恵のことを親しみをこめて「アキエ」と呼び、その『夢記』がいかにすばらしい世界をくりひろげているかにふれていた。

すると、知り合いの女性の作家から手紙がとどいた。いままで自分は明恵のことを「ミョウエ」と読んでいたが、正しい呼び方は「アキエさん」だったのですね、とそこには書かれていた。

しばらくして河合さんに会ったとき、それで自分はいま、大あわてにあわてているのだと、河合さんはこれ以上ない真顔で私に打ち明けたのである。

いかにも、みずから名乗る「日本ウソツキクラブ会長」の演出した失敗談だった、というほかはない。会長自身があとからどんな弁明をくりだしたか聞かされてはいないから確かめるすべはないけれども、さぞかし冷や汗をかかれたことだろう。

とにかく、それほど河合さんは明恵上人に入れあげていたのだろう。明恵すなわち、アキエさんとほとんど一心同体になったような気分でその夢の世界に親しんでいた姿には、子どもの庭遊びのような感覚が蘇っているようだった。

そんなとき河合さんはほとんど心理学者であることをやめて、河合隼雄そのものになっていた。心理学者として、あるいは臨床心理療法士としてクライアントに向き合うときの深い疲労感からは解放され、あの若いころ夢にみた道教の賢者のような河合隼雄になっていた。

夢から無意識へむかう道

河合さんは地元の京都でも長いあいだ、「教育相談」にもかかわっていた。気さくな相談相手だった。

こんなエピソードがのこされている。京都市長の門川《かどかわ》大作さんが、その仕事を依頼するため、河合さんを訪れたときのことだ。

私が教育次長を務めた時です。昭和33年から京都市のカウンセリングでずっとお世話になっておりました河合隼雄先生が、日文研の所長をそろそろ退任されるという時、もう一度京都の教育のためにご尽力いただきたい、京都の子どもたちのために大所高所からご指導くださいとお願いに行ったんです。そうしたら、河合先生は、「断わる」と。私、河合先生に無理をお願いして断られたことが無かったので、びっくりして先生の顔を見ますと、ニコッと笑って「大所高所はだめだ。小所低所だったらやる。私は、臨床心理士だ。学校を回って子どもの教育をもっと相談しよう。京都の教育というのは、カウンセリング、生徒指導。一人一人の子どもを大切にする素晴らしい伝統がある。小所低所やったらやる。」と言ってくださり、そこから色々なことが始まりました。

(『京都市教育相談総合センター・こども相談センターパトナ・開館10周年記念誌』、京都市教育委員会)

この日本のわれわれの地域には、知られているようにじつにたくさんの「相談」窓口がつくられてきた。身上相談、人生相談、命《いのち》の相談、心理相談、そして電話相談……。じつにさまざまな相談が行なわれてきた。

ではあらためて、その相談とはいったい何だろうと問い直してみるとどうだろう。

雲をつかむような話にならないか。

英語でいえば、関連してコミュニケーション、ディスカッション、カンバセーションなど、さまざまな言葉が浮かぶが、結局はカウンセリングというコトバに落ち着く。

けれども日本語でいう「相談」にはもっと広い裾野が広がっているようにも思う。長い伝統や文化のくさむらの中に息づいている相談ごとの分野がある。

そうなれば、相談＝カウンセリングとはかならずしもいかない場面もでてくるだろう。

この日本人の相談好きはいったいいつからはじまったのだろう。

そんなとき河合さんが考えていたのが、絵本や昔話だった。その世界をツールにして、相談ごとに応ずる、とくに子どもたちの想像力に訴える、という方法だったのではないかと思う。

それは河合さん自身の箱庭療法の体験から自然に導きだされたものだった。

人はみな、物語をもって誕生し、物語の中で生き、そして死んでいく。

もちろん物語といえば、一般に神話や伝説といったジャンルにもそれはあるだろう。

けれども神話や伝説で語られる物語には、大人社会の飾りつけがつきすぎている。政治や経済の道しるべにあまりにも彩られている。

河合さんが昔話や絵本を大切に考えるようになったのは、それを通して夢の世界に近づき、あわよくば無意識の世界にまで降りていきたかったからではないだろうか。

夢の宇宙から無意識の領域へ。

河合さんの「背中」をみていると、そう思う。

河合さんの「下半身」をみていると、さらにそう思う。

この河合さんの、夢から無意識へむかう旅は、河合さんにとってほんとうに楽しかった旅だったのだろうか。それとも苦しい旅だったのだろうか。

晩年の河合さんを襲った深い「疲労感」はそのことに関係しているのではないか、と私は思うようになった。

それが橋をかける人の受難の運命、というものだったのかもしれない。

河合さんは西洋と東洋のあいだに橋をかけようとしていた人だ。

科学と宗教のあいだに橋をかけるという難事業にとり組もうとした人でもあった。

そして夢と無意識のあいだに道なき道を通そうとした道士のような人だった気がするのである。

古代インドの不思議な夢物語

最後に一つ、河合さんのいう夢物語を知るための一助として、ある古代インドの夢物語を紹介してしめくくることにしよう。

これはインドの哲学的な比喩物語の一つであるが、『ヨーガヴァーシシュタ』（Yoga Vāsiṣṭa）という作品である。そこに世にも不思議な夢物語がでてくる。「ヨーガヴァーシシュタ」というのは、カシュミールの地で、六世紀から十二世紀の長期間にわたってサンスクリット語で書かれた物語大成の一つである。ヴァーシシュタという仙人が五十五種の物語を語るという体裁をとっている。

その比喩物語の一つ（第三章一〇四−二）に、ある王が夢の中で不可触民に身を落とし、覚めたあとそれが真実の出来事であったことを知るという、まことに現実にありそうもない話が語られている。

昔、北方パーンダバ族の豊沃な国でラヴァナ（Lavaṇa）という有徳の王が支配していた。ある日かれが王座に坐っていたとき、一人の魔術師が入ってきて王にいった。

「その場にお坐りのまま、世にも不思議な魔術をお目にかけましょう」

そういって、孔雀《くじゃく》の羽根の付いた杖をふると、ある男が馬を引いて入ってきた。王はその馬をみているうちに、眼がすわって動かなくなり、瞑想《めいそう》に入っていくようになった。

廷臣たちは心配したが、数刻ののち王は眼を覚まし、王座から落ちそうになった。召使いたちが手をさしのべると、王が驚いてきいた、「ここは、いったいどこだ」。

王はすっかり意識をとりもどしたあとで、つぎのような話を語った。

「馬の前に坐って魔術師のふる杖をみているあいだに、自分がその馬にのり、たった一人で、狩りに出かけていく幻覚（夢）をみた。どこかしらない沙漠を横切って、やがて森についた。だが、ある樹から垂れ下がるつる草にひっかかり、馬はそのまま走って行ってしまった。

その夜はまんじりともせずに過したが、翌日になってそのあたりを歩き回っていると、たまたま食べ物を入れた壺を運んでいる黒い肌をした少女に出会った。

ちょうど腹が空いていたので、分けてくれるよう頼んでみた。すると彼女は、自分は不可触民（チャンダーラ）であるといい、あなたと結婚すれば食べ物をあげることができる、という。私がうなずくと、食べ物を恵んでくれ、そのまま村に入って二人は結婚した。私は、にわか不可触民になったのである。

やがて私たちは二人の息子と二人の娘を授かり、六年が過ぎた。汚い腰巻きを巻き、しらみにまみれ、殺したばかりの獣の生暖かい生血をすすったり、死体埋葬場の腐肉を食べて過したのである。

私は王の子として生まれたのであったが、年をとるにつれて王であったことを忘れてしまい、本当に一人の不可触民になってしまった。

あるときのことだ。怖るべき飢饉《ききん》がやってきて、洪水が発生し、森が火事になった。私は家族を連れて、別の森に逃れた。そして妻が眠っているときに、下の息子に『私の肉を料理して食べよ』といった。かれが生き残るにはそうするしかなかったのだ。

そこで私は死ぬつもりで火葬の薪を用意し、いざその上に身を横たえようとしたとき、王座から落ちそうになったのである。

『万歳』の叫び声と音楽で、私はわれに返った。

これが、魔術師の手にかかった私の夢（幻想）である」

ラヴァナ王の話が終ったとき、その魔術師の姿が急にみえなくなった。廷臣たちが驚いて、いった。

「王よ、これは夢ではありません。この現実世界の方がたんなる心の迷妄のあらわれなのであって、あなたがごらんになったのはそのことを悟らせるための聖なる幻想（夢）なのです」と。

翌日になって王は、その荒野におもむいて、自分の心の鏡に映った世界をもう一度みつけようと決意した。大臣たちを探し歩いたすえに、かれはついに心のなかで経験した荒野をみつけ、それが細かいところまで心に描いたままであることに驚く。

そこにはよく知っているアウトカーストの狩人たちがいたし、みずから不可触民として過した村がそのままの姿で存在していた。村人たちや生活用具や洪水で枯れてしまった樹々までがそのままだった。

たまたま義母となった老女にも出会ったので、きいてみた。「いったい何がおこったのですか。あなたは誰ですか」。すると彼女はつぎのように答えた。――あるとき王様がおいでになって、私の娘と結婚しました。子どもたちも生まれたのですが、洪水がやってきて、すべての村人たちが死にました、と。

王は驚き、つぎつぎと聞きただしていると、その老女の語るすべてが、不可触民だったときの自分の経験したことであることに気づいた。

王は都の王宮に帰り、人びとの歓迎をうけた。

ラヴァナ王は魔術師の杖の一振りによって、幻想の世界に入っていく。それはあるいは今日のわれわれが考えるような夢の世界とは違うものかもしれない。しかしながら、それでは昔の人びとが幻覚、幻想のようなものと夢とをはっきり区別していたかというと、そうとはかならずしもいえないだろう。

夢か現《うつつ》かということがよくいわれるが、ちょうどそれと同じように、それは夢か幻想かはっきりしない、あいまいな意識の状態と考えてもさしつかえないのではないか。

その夢（幻想）の中で、ラヴァナ王は不可触民の娘と結婚し、家族をつくった。そしてその不可触民の貧しい生活をつづけていくうちに、王であったことをすっかり忘れてしまう。

そこに飢饉と洪水がおとずれる。ついに王の下の息子に自分のからだを食べるよういいのこして、死を決意して火葬の薪にのぼろうとした。が、そのとき夢から覚める。

ところがどうしたわけか、王は自分がたんに夢や幻想を見たのだとは思わない。それはこの世の中のどこかで実際に経験したことではないかと考え、探索の旅に出た。そしてついに、夢でみた不可触民の村を発見し、夢の中では義母であった老女と出会い、そこで体験したことがすべて現実であったことを知るのである。

夢物語と現実世界

みてきたように、この物語では二つの現実が語られているようにみえる。一つは、いうまでもなく主人公のラヴァナ王が王として生きている現実である。廷臣にかこまれて、肥沃な国土を支配している国王の生活である。それにたいしてもう一つの現実が、夢の中で体験した不可触民に身を落とした生活である。なぜなら夢から覚めたあと、実際にその地に足を運んで、不可触民になっていた自分の生活のことをきかされているからだ。

この物語には、われわれが慣れ親しんでいる、夢の世界と現実の世界というあの二元論の枠組みがはじめからとりはらわれているのではないだろうか。なぜなら夢の世界も現実、現実の世界ももう一つの現実、という多少ともねじれた物語の構造が設定されているようにみえるからである。

いったいどちらが本当の現実なのだろうか。現実のラヴァナ王は夢見心地になって幻想の世界に入っているのであるから、そのかぎりでは不可触民に身を落とした生活は幻想、幻覚の世界ということになる。

ところが後段になって幻想から覚めたあと、その幻想の世界の出来事が実際にこの世に存在したという話になる。そこでは不可触民となって生きたことが現実であって、そのときかれが国王であったことはむしろ現実ならざる枠組みのなかに棚上げされているようにみえる。覚めているはずの王は、あたかも夢遊病者のようにさ迷い歩いて、ついに不可触民の村という現実の岸辺に到着したのであるから……。

私はいま、この物語には二つの現実が描かれているといったけれども、しかし考えてみればそれと同じような意味において、そこには二つの幻想世界、もしくは夢の世界が語られているともいえそうである。

国王の世界と不可触民の経験はともに二つの現実であるといっているようでもあり、同時にまたそれは二つの幻想（夢）であるといっているようにもみえるからである。

そうなると、いったいどちらが本当の現実なのかといったような問いははじめから成り立たないことになるのではないだろうか。

物語の作者は、どうもそのように主張しているように私には思われるのである。

一つの夢物語を語りながら、その夢の世界がそのまま現実世界にすりかわったり、逆にまたわれわれの現実世界がそのまま夢物語に変貌してしまうといった具合に、話が展開していく。

その一種ねじれたような関係が奇妙な違和感を読む者の側にひきおこす。そういう語り口は、フロイトなんかの西欧人の考え方に慣れ親しんだ者の目にはやや異質なものに映るのではないだろうか。

この物語の作者は、夢（幻想）の世界が非現実であるように、夢や幻想をみるわれわれの現実の世界もまた、非現実の一様相であると主張しているようにみえる。

そしてそのようなものの見方の中にインド人が考えだした「空」の意味が隠されて

いるのであり、そのことにとりわけ晩年の河合さんは共感しはじめていたのだろうと、私は想像しているのである。

四、梅原猛

（2017年、読売新聞社）

歴史を天翔ける

梅原 猛

（うめはら たけし）

大正十四年（一九二五）宮城県生まれ。昭和二十三年（一九四八）京都大学哲学科卒業。立命館大学教授、京都市立芸術大学学長を歴任。宗教、古代史、民俗学などを哲学的なアプローチで研究し、「梅原日本学」を切り開いた。昭和四十七年（一九七二）に『隠された十字架――法隆寺論』で毎日出版文化賞、四十九年（一九七四）に『水底の歌――柿本人麿論』で大佛次郎賞を受賞。国立国際日本文化研究センターの設立に尽力し、昭和六十二年（一九八七）、初代所長に就任。平成四年（一九九二）に文化功労者、十一年（一九九九）文化勲章受章。三十一年（二〇一九）死去。

絶滅危惧種の王座に坐る

梅原猛という人間は、どんな秤《はかり》にかけようとしても、すぐにはみ出てしまう。仕方がない。まず、全体像をつかむことからはじめよう。

梅原さんは聖徳太子の霊に魅入られ、柿本人麻呂の背中に乗って、異界をめざして天翔けた。右や左からの非難や講壇アカデミーからの悪口を飛びこえ、国民の心をわしづかみにして語りつづける哲学者だった。

装飾古墳の美にとり憑《つ》かれ、縄文からアイヌ文化、西田幾多郎をへて仏教の森をかけめぐり、ニーチェ、ハイデッガーを遍歴し、最後にデカルトに的をしぼって、西洋文明の心臓部を撃ちつづけた。返す刀でスーパー歌舞伎や能狂言の創作に打ち込むかたわら、この国の政治と歴史をつらぬくルサンチマン（敵対的怨念）に着目して独自の怨霊《おんりょう》史観を刻みだした。国民的な論争になった「脳死は死か」では真っ向から反対する立場を崩さず、三・一一の大災害では、これを「文明災」と呼んで、「近代」の根幹にゆさぶりをかけつづけた。

他方、学問、芸術、宗教の分野ではときの中曽根総理に働きかけて、念願の「国際日本文化研究センター」（日文研）を京都の地に設立して初代の所長に就任、日本ペンクラブの会長に選ばれていた。領域侵犯どころの騒ぎではない。人呼んで「奇人」と称する向きもあるが、それはたんなる無意識の排除の論理にほかならないだろう。

また「日文研」創設の直前、関係者が全員顔をそろえる打上げの会がもたれた。桑原武夫、梅棹忠夫、中根千枝、上田正昭など個性豊かな人物が集まっていたが、梅原さんの並々ならぬ政治力と洞察力に舌を巻いたことが忘れられない。万事群れたがるこの国において、絶滅危惧種の涼しい王座に坐るのは、まずこの人をおいてほかにはあるまいと思う。

梅原さんとの出会い

もう、五十年以上も前のことだ。日本列島に、全共闘の運動が吹き荒れていた。

そのころ梅原さんは、ある全国紙の文化欄にエッセイを連載していたが、たまたまその中の「覆面の思想」というタイトルに目がとまった。

当時、その全共闘の学生たちにたいする東大教官たちの風刺文集が出版されていて、その一冊が梅原さんのところに送られてきた。学生への恨みの深さがにじみ出ているような文章が多く、ほとんどが匿名で書かれていた。

そのことにふれて梅原さんは、匿名でなければ発表できない東大教授の苦悩は察するに余りあるがといってから、こう書き継いでいる。

けれど、私はこの文章を読んで、いやな気がした。一方で覆面でなければ暴力をふるえない学生がいて、一方で覆面でなければ文章を書けない教官がいる。世はまさに覆面時代、右にも左にも赤頭巾、黒頭巾がうろうろしているらしいが、私は覆面の徒、頭巾の徒を好まないのである。

（『日常の思想』集英社文庫、一九八六）

覆面の思想は卑屈な思想である。それは、遠くから石を投げ、人を殺しても、自己が罰せられずにすむずるい思想であるといっていたのである。そのころ私は、東大赤門近くの春秋社という出版社につとめていたが、それを機に梅原さんの存在をつよく意識するようになった。

春秋社に入社して、しばらく経ったころだ。ある講座を担当することになり、梅原さんに連絡を入れて京都にでかけた。

梅原さんは当時、北白川の一角に住んでいて、仕事場に入ると、部屋中にいろんな種類の書物が頁を開いて並べられ、その真ん中に坐ったまま話し出した。事務的な打ち合わせが終ると、何かに憑かれたように、いま取り組んでいる課題について語り出していた。その勢いに気押《けお》されて、ただ耳を傾けているほかはなかった。そのとき私は四十を過ぎたばかり、梅原さんは五歳ほど年長だった。

夕方になって、行きつけらしい祇園の居酒屋に連れていかれた。深夜まで飲みつづけたが、私の頭頂を見ながら「お前さんは全共闘の生き残りだろう」といわれたことが忘れられない。ちょうどその頃、三島由紀夫が自衛隊市ヶ谷駐屯地で割腹自殺し、その衝撃もあって私は頭を丸めていたのだ。全共闘とは何の関係もなかったが、梅原さんはそののちも私へのそのような印象を改めることがなかった。

その後、私は出版社を辞め、母校の東北大文学部の教師になった。五年ほどその職にとどまっていたが、ふたたび東京に舞いもどり、創設直前の国立歴史民俗博物館の民俗研究部に潜りこんだ。梅原さんから声がかかり、今度京都にできる新しい研究所に来ないかといわれたのが、その前後の頃だったと思う。

梅原さんは話題の著作をつぎつぎと出版し、スーパー歌舞伎の制作と上演が成功すると、こんどは日本文化を総合的に研究する学術機関をつくろうとしていた。私は六年間の東京生活を打ち切り、京都への旅に出ることにしたのである。

国際日本文化研究センターの創設に参加することになったのだが、時あたかも昭和天皇が亡くなり、つづいて美空ひばりがこの世を去る平成元年（一九八九）のことだった。

梅原哲学の骨格はアンチ京都学派

東京の友人たちは私の京都行きにはほとんどが反対していた。新設の研究所にたいする周辺の友人たちの否定的な風圧が信じられないほど強かったことをあらためて思い出す。

創設準備が完了し、関係者がすべて集まる大きな会合が開かれることになった。三十を超える机と椅子が並べられ、正面を見ると早めにおいでになった桑原武夫さんが坐っている。両脇に上山春平さんと梅棹忠夫さん、文部省の担当官たちがつらなっていた。

つぎつぎに入室してくる有識者・専門家たちは、まず中央に坐る桑原さんの席に近づいて一礼し、丁寧な挨拶をしてから自分の席についている。なるほど、噂にきく「桑原天皇」とはかくのごときものか、と胸の内でひそかに舌を巻いていた。同時に、梅原さんの政治的な力量を目のあたりに見せつけられて息をのんだのである。

そのうち私は、梅原さんの多面的な仕事の根底に二つの強固な核のようなものがあると思うようになった。それが、哲学、芸術、宗教などさまざまな領域にわたる、梅原さんの仕事の重要な二つの柱であると考えるようになった。

一つ目は、ロマン精神へのやみがたい衝動とあこがれである。美の信徒として身を挺する潔さといってもいい。物語をつむぎ出す構想力、想像力、そして直観ですべては決まる、とする牢固たる信念である。

二つ目が、一切の「西洋かぶれ」から解放された自在な発想と自前の歴史観、人間観の追求ではないか。

戦後、この国の人文学はほとんど西欧世界から翻訳導入された理論と仮説に覆われていたことを思いおこそう。そしてそれはもちろん明治の文明開化以来の悪弊でもあったわけであるが、梅原さんが日ごろ口にしていた自前の哲学とは、このような借りものの衣装を脱ぎ捨てることから始められていた。

もしもそうであるならば、戦前の西田幾多郎から戦後の桑原武夫にいたるいわゆる「京都学派」の山脈もまた、右にいう「かぶれ現象」の中から誕生したものであったことに気づく。そのことを考える時、梅原哲学の骨格がまさにアンチ「京都学派」の最たるものであったことを思わないわけにはいかないのである。

常人離れした三つの技術

今ごろになっての話であるが、梅原さんという存在の芯のようなものが、そしてその艶のような香りが浮かぶ。これまでそれに気づかなかったのは、いつも氏の言動に幻惑されていたためだったのかもしれない。

まず挙げたいのは、その「口述」による執筆の手法、についてである。同業者のあいだでは、そのことに疑問符をつけるものがいなかったわけではない。じつは私もまた、不安を抱いた一人だった。

そもそも哲学とは考えることからはじまる、というのが世間の常識だった。しかし梅原さんは、考えたことを語ること、そのことによってはじめて哲学に真の生命をとりもどすことができると考えていたフシがある。語ることを通して相手の胸底を揺るがせる。リズムのある易しい言葉で語りかけることで、共感の渦に巻きこむ。書斎でひとり沈思黙考するだけでは、哲学は成熟しない、説得力をもちえない、と。

あの太宰治の珠玉のごとき作品の数々も、口述によるものがすくなくないことにあらためて気づく。ものを書くという行為は、考えたことをいかに語るかにある、と思っていたにちがいないのである。

次が、古今東西の思想を、目にみえる形で「編集」する能力にたけていたことだ。美の奥座敷や信仰の深層は、さきの語りのリズムとこの編集する能力によってこそはじめて時代の壁をのりこえ、生々しい姿をあらわすと考えていた。

やがて、梅原さんは、その編集する能力を人間を編集する仕事に転用し発展させていく。さまざまな分野の研究者を発掘し編集して新しい組織をつくることに情熱を傾けていった。人間を編集することがメシより好き、という気概が何とも新鮮だった。最後が、「論争」を仕掛けることで活路を見出す生得の手法だった。権威とか定説というものにいち早く反応し、注文をつけ、誰にもわかる反論を提起して多くの論者の興味をひきつけた。

議論のプロセスではしばしばワキの甘さを衝《つ》かれたが、不思議なことに勝負の土俵ではその四つ相撲をいつもタイにもちこんで負けることがなかった。

以上、口述、編集、論争という常人離れのした三つの技術を駆使して、次第に「梅原学」といわれるような学問のスタイルを作っていった。それは外部から理論や仮説をもちこんでこねあげた借りものの哲学ではなかった。さきにもふれたように、「西洋かぶれ」の枠組みにもたれかかるこれまでの人文学の流れとは質を異にするものだったのだ。

考えてみれば、この国の「西洋かぶれ」の伝統は、明治の幕が開け、文明開化がはじまって以来の、日本的学問のお家芸だったことがあらためて思いおこされる。その流れが戦後になってさらに進行し、今やわが国の人文学も哲学も低迷の一途をたどりつづけていることは、もはや誰の目にも明らかなことではないだろうか。このような危機の時代にあって、梅原さんの哲学がきわめて貴重な遺産となるであろうことはいうまでもないことだ。

これまで梅原さんの存在は、アカデミーの世界でも、ジャーナリズムの世界においてもしばしば「京都学派」に属する論客、あるいはその巨峰の一つと目されてきた。けれどもこのような評価ほど梅原さんの人間とその哲学の本質を見誤るものはないと私は思っている。なぜならさきにもいった通り、「京都学派」の学問的手法の本質は戦前、戦後を通してほとんど「西洋かぶれ」の軸を離れては成立しえない性格のものだったからである。

古代を幻視する

ここで、その「梅原学」のたくさんある主題のなかから、一つだけ選んでその特質をうかがってみることにしよう。

梅原猛の描く歴史には、よく怨霊という名の火魂《ひだま》が飛ぶ。人はこれを「怨霊史観」と称するが、著者自身もこれを肯定することはもちろん、さらに「古代幻視」とまで命名して、すこしも怪しむところがない。

もっともなことだ。梅原さんにとって柿本人麻呂も聖徳太子も菅原道真もいずれも歴史の歯車を大きく回した、無残な幻視の主人公として生きていたからである。

しかし古代を幻視するというのは、かならずしもその時代を正視しないことを意味するのではない。なぜならそもそも正視しようにも明確に把握しえない闇の世界が古代には充満しているからだ。古代を正視しようとすれば、すぐさまそれを幻視せざるをえないジレンマがそこに発生する。

そのジレンマを歴史家はかならずしも認めないであろうが、それを学問の方法として正面から身に引き受けようとしたのがたとえば折口信夫だった。梅原猛が、ときに折口信夫の口吻をかりて語りはじめるのもそのためである。

梅原さんははじめ哲学の徒として出発し、やがて歴史の叢《くさむら》に入っていった越境者だったが、その自己再編の過程でニーチェのシャワーを全身に浴びている。とりわけそのルサンチマンの議論には強烈な刺激をうけている。

ニーチェによれば、敵対的怨念がひとたび社会的な勢力をもつときは「革命」がおこるといい、フランス革命も原始キリスト教団の発生もそのためだった、と論じていた。大衆の怨念もしくは憎悪はしばしば社会化のプロセスをへて革命路線をとるというわけだった。

梅原さんはしかし、こうした見方だけはとらなかった。ルサンチマン＝怨霊を歴史の重要な動因とみなしはしたけれども、憎悪が革命に結びつくとは考えてはいなかった。なぜなら、日本列島のルサンチマンはやがて鎮魂、慰撫の対象として抑えこまれ、その革命的動乱の芽が未然につみとられていたからである。

梅原さんはその後、ニーチェの憎悪の哲学をくぐり抜けて、大いなる肯定の哲学へと進み出ていく。こうして古代幻視の手法を学んだ折口信夫の厭世的な人生観からも脱出していったのだ。

「オレはホトケになる」

後年、梅原猛は京都の祇園で司馬遼太郎と酒を飲み、その対話がいつしか大喧嘩に発展したことがあったという。空海の評価をめぐってであったが、『空海の風景』を書いた司馬にむかって、そんな「風景」ぐらいのことで空海密教の本領がわかってたまるものか、と吠えたという。

この妄言に対して司馬遼太郎が激怒したということをあとから聞かされたが、現場に居合わせなかったので真偽のほどはわからない。ただそのとき、司馬史観と梅原哲学が正面から衝突し、火花を散らしたことだけは、ほぼ想像がつくのである。

梅原さんは晩年になってから、よく「オレはホトケになる」といっていた。はじめ、あまり聞き慣れない言葉なので、おやっと思っていたが、梅原さんはそんなとき、いつも本気だった。

考えてみれば、仏教の根幹は、まさにそれが当たり前のことだった。世間では、「ホトケになる」とはごく自然に「しゃれこうべになる」ことだと受け取られているけれども、梅原さんにかぎってそんな冗談口を叩く場面はありえないことだった。私自身においても、客観的なもののいいのなかで「成仏する」とか「往生する」といってはいたが、「自分がホトケになる」というような気分になることはまずなかったことだ。

やがて私は、梅原さんの「オレはホトケになる」に合点がいくようになった。そのことを梅原さんはいつも「わがこと」としていっていたからだった。何か大事なことを「他人《ひと》ごと」としていうようなことは、おそらくなかったように思う。

その梅原さんの生きようは、どこか板画家の棟方志功に似ていた。さきにも書いたように、かれは青森のふるさとを立ち去るとき、「わだばゴッホになる」といって、家を出ていった男である。「わだばゴッホのような画家になる」といって出ていったのではない。

梅原さんはどのような場合でも、他人ごとではなく、自分ごととしてものを考え、そして語る哲学者だった。そのため梅原さんは棟方志功や土門拳と同じように、一人の師ももたず、一人の弟子ももたない生き方を最後まで貫いた。

「縄魂弥才」の方法

梅原さんはアメリカで開かれた国際会議に出席して、縄文文化論について発表し、年来の構想を異国の人々の前で語ったことがある。会議が終り、親善の野球試合が行なわれることになったが、バッターボックスに入る梅原さんに、「ジョーモン、ジョーモン！」の声援がとんだという。

この話をご本人からきいたとき、私はいかにも梅原さんらしいエピソードであると思った。まず、会議の席上で縄文文化について縦横無尽に、そして情熱的に聴衆に語りかける梅原さんの姿が浮かぶ。その「古代学」がさらにいっそうの深みとひろがりを増しはじめてもいた。それがアイヌ文化の研究から縄文文化の探求へと及んでいたのである。「日本の深層」とか「日本の原像」といったテーマが梅原さんの行く手に大きく立ちはだかっていたといっていいだろう。

その梅原さんが縄文文化を語るのに「縄魂弥才」というキーワードを用いている。「縄魂弥才」というのは、縄文の魂と弥生の才能という意味である。

一口にいうと、日本人の技能は弥生文化によって育まれたが、その精神文化（魂）の方は縄文文化に基盤をおいているというのである。その主張を端的に「縄魂弥才」と表現したのであって、これが例の「和魂漢才」や「和魂洋才」の梅原版であることはいうまでもない。日本文化の重層性を指摘したものであるが、そこには日本文化の柔軟性と創造性の秘密を解く鍵がかくされているという認識がある。

バッターボックスで「ジョーモン、ジョーモン」の声援をうけた梅原さんが、その野球について面白いエッセイを書いていることは、あまり知られていないのではないだろうか。それによれば、野球は数とチームプレーという二つの精神でできあがっているスポーツであるという。野球の規則ではすべてが三であらわされる合理的な数体係から成り立っている。ストライク三つでアウト、アウト三つで一回終り、回は三の三倍九回で終り……。

また野球のチームプレーは、監督の指揮下に守備と攻撃の作戦が、力と速度の合理的な計算にもとづいて遂行されなければならない。その意味で野球は、社長の指揮下に、がっちり守った敵の生産陣を混乱させつつ、力と速度と計略によって相手を打倒しようとする現在の会社の競争のイメージに似ている。こうして数とチームプレーの精神でできあがっている野球は、資本主義の精神がつよい国ほど流行するであろうというのである。

この警抜な野球論は主著の『日常の思想』「スポーツの思想序説」で展開されているが、そこでは同時にスポーツが平和と戦争という相反する二つの顔をもっていることが、ギリシアのオリンピックと現代のスポーツとの比較を通して鮮やかに分析されている。日常のスポーツのなかから思わぬ果実を拾いだす梅原流の手練が見事に発揮されている。そのような場合にくりだされるカードがしばしば、プラトンやアリストテレスからはじまってニーチェやハイデッガーにいたる西欧哲学の豊かな鉱脈であることは興味ぶかい。

哲学者である梅原さんからすれば、それは当然のことであるかもしれないが、しかしその鉱脈が一転して東洋や日本の感性や心意によってすくいあげられるとき、西欧の側からはけっしてみえなかった世界があらわれてくる。いわばそれが、梅原さんにおける「和魂洋才」ならぬ「縄魂弥才」の方法ではないかと思うのである。

「日常」という思想武器

いま、日常のスポーツのことにふれたけれども、梅原さんのいう「日常」はいわゆる常識のことではない。それどころか常識とは真向うから対立するものである。その想いは、さきの『日常の思想』の「自序」の冒頭に、鮮烈な言葉で書きつけられている。

私は哲学、すなわち愛知を一生の仕事として選んだ当初から、日本で哲学として通用しているものに、大きな不満を感じていた。それは、あまりに深遠すぎ、難解すぎるのではないか。星の世界の言葉を、あまりにむつかしく語るより、日常の世界の言葉を、誰にも分るように語れ。

梅原さんは「聖書」も「歎異抄」も、深遠な宗教経典であるより先に、まずもって日常の言葉から成立しているというところから出発する。プラトンやデカルトの哲学も難解な哲理であるどころか、実に明解な日常の思想をふまえたものだという。日常の思想というのは、さきにも述べたが、自前の思想ということであろう。借りものの衣裳をかなぐり捨てるということでもある。

しかし単に外来のものを脱ぎ捨てるというだけならば、それは野蛮の思想に転化してしまうだろう。自前の思想とはすなわち自らの力で考えることであり、創造することであると梅原さんはいう。日常に埋没するのではなく、日常の穴を掘って、創造の光を射しこめというのである。これまでの哲学者は、あまりにも既成の哲学の解釈をその任務としすぎてきたのではないか。カント解釈、マルクス解釈、ハイデッガー解釈が、わがもの顔で横行してきた。しかしそういう解釈の病いから立ち直るときがこなければならぬ。そのためには、一見するに無謀ともみえる勇気をふるいおこせ、という。

梅原さんの「日常」という思想武器が、学界や世間の常識や権威ある定説に正面から戦いを挑んできたことはよく知られている。その成果の一つとして「地獄の思想」にかんする仕事をあげることができるだろう。かつて和辻哲郎は日本精神の伝統を尊皇思想におき、鈴木大拙は禅思想においた。それにたいして梅原さんは仏教の「地獄の思想」こそが日本人の心に多くの影響を与えたのではないかと主張したのである。梅原さんのこのような「日常」の思想が、つねに常識や権威と戦う情熱をひめたものであることも忘れてはならない。

梅原さんは早い時期から、日本人の笑いの研究に打ちこんできた。年季が入っているのであるが、そのなかで東京の笑いと大阪の笑いを比較し、その違いを落語と漫才の違いを通して明らかにしている。

落語にはいろいろなソコツ者が登場してきて、人々を笑わせるが、しかし落語家自身はハナシ手としての自分を笑いの対象にはしない。すなわち自分の価値を低下させはしない。なぜなら高座をいったん降りると、かれらはかならず羽織袴に威儀を正し、師匠としての誇りをくずそうとはしないからである。

ところが関西の漫才では、ボケ役と突っ込み役の二人の漫才師がでてきて、おたがいをバカ扱いにして愚行を演ずる。漫才師たちは積極的に自分たちの価値を低下させている。観衆は漫才師自身のなかに大バカ者をみて喜ぶのである。いわゆる梅原さんのいう「価値低下の効果」による笑いの分析である。その笑いが、社会批判の芽をもち、泣き笑いの人生劇を映しだすようになるとき、笑いの王国はたんなるバカ笑いの水準を脱却して未来性をもつことになるだろうという。

梅原さんの「日常」はこのように人間の喜怒哀楽にきわめて鋭敏に反応する共鳴板のようなものでもあるのだが、その仕組みがたとえば「マス・コミに現われた日本人の感情」というエッセイのなかにもよくあらわれていると思う。とりわけ流行歌における悲しみの構造を吟味して、いつのまにか日本文化における「怒りの欠如」という特性をひきだしていくあたりに、著者の面目が躍如としていないだろうか。「日常」から出発していって、最後に「発見」を手づかみにするときの喜びが、生き生きと語られているのである。

梅原さんの文章のはしばしには、生命をいとおしむ心がにじみでている。そしてそれは、たんに人間の生命にたいしてだけでなく、自然の生命にも向けられている。梅原さんの思想の根底には、このような生命にたいする全身的な共感が他の誰よりも多量に流れていると思う。現代の悔い改めというテーマを、くり返し執拗に提唱しているのもおそらくそのことと無関係ではないにちがいない。現代文明はその原理においてはっきり誤っているというとき、梅原さんはあたかも孤独な旅人のようでもあり、孤高の予言者のようでもある。思ったことを誰はばかることなくズバリいい切るところに、梅原さんのさわやかな自由がある。それもまた、日常の思想という旋律にのった自由なのである。

日本人の「あの世」観をめぐって

梅原さんの「古代学」で見落とせないのが、日本人の「あの世」観についての仮説ではないか。それはさきにふれた氏の「縄魂弥才」論の骨格をなす見取図でもあるからだ。

それによると、日本人の「あの世」は縄文時代の古層に発芽し、それが今日、北方のアイヌ文化と南方の沖縄文化にうけつがれているという。

ところが、やがて大陸から稲作農耕の技術がもたらされ、日本列島に弥生文化がひろがるとともに、支配権力の基盤を形成していった。

それに応じて「あの世」観も変貌の過程をたどる。あらためて「あの世」観の抽出とその歴史的展開という課題が浮上してきたのである。

その「祖型」の何たるかを明らかにするために、氏はアイヌ文化と沖縄文化の研究、とりわけアイヌ語と琉球語の検討という仕事に身をのりだしていく。

アイヌ研究では、日本語とアイヌ語を異言語とした金田一京助を批判するところからはじめて、両言語の相似性の問題へとすすみ、沖縄研究では柳田国男、折口信夫と伊波普猷《いはふゆう》の学説を消化しつつ、基層文化としての沖縄文化が実はアイヌ文化を通じ縄文文化の古層へと接続する可能性のあることを明らかにしていく。

このような課題に肉薄していくとき、氏は「ことば」の茂みに深く分け入り、重心を低くして虫の眼をフルに活用している。

しかしながら、その心労の多い低空飛行は、やがて機首をあげて急上昇に転ずる。すなわち日本人の「あの世」観が祖型からいかに変遷していったか、広いパースペクティブのなかで類型的にとらえられていく。そしてその基本的特質が魂の永遠の再生もしくは循環というメカニズムにあることが明らかにされていくのだ。

この点は梅原さんの「あの世」観のまさにハイライトをなす部分といってよく、その祖型的な特質は仏教の流入以後もそのまま継承されていったと説いている。

そして、とりわけ十三世紀の親鸞によって主張された思想、すなわち「往還《おうげん》二廻《にえ》向《こう》」のなかにも色濃く反映され刻印されているのだ、と指摘しているのである。

そもそも親鸞のいうこの「二種廻向」論ではさきにも少々ふれたが、念仏による浄土往生には二つの側面があるとする。「往相《おうそう》」と「還相《げんそう》」の二つの道が用意されている。

人間は死んだのちどこに行くのか。この問いにたいして浄土思想はどのように考えようとしたのか。念仏を唱え、阿弥陀如来の導きによって浄土に往生するのだ、というのが第一の返答だった。それを浄土教の伝統では「往相」といってきた。「往く者の姿」というのだろう。

ところがこの同じ浄土教の伝統では、その往った者は、やがて現世すなわちこの世に帰ってきて、大衆救済の仕事をするのだ、という考えを打ちだすようになった。それを「還相」という。「還ってくる者の姿」というわけである。

それを浄土思想の系譜では「往相」と「還相」の「二種廻向」と呼んで、議論を重ねてきた。

だが、みられる通り、これはかならずしもわかりやすい議論ではない。死んだ人間がいったいどうして生き返って救済の働きにおもむくのか、という素朴な疑問が生じてくるからである。

ところが梅原さんは、これまでの浄土思想が考えられ論じられてきたものとはまったく異質な、日本人の伝統に固有の「あの世」観にもとづき、その鏡に映しだしてこの難しい「二種廻向」の世界を明らかにしようとしている。

梅原「親鸞論」の中心テーマだったといっていいだろう。この点もまた梅原「古代学」の見所といっていいのではないだろうか。

ここでもうひとつ、つけ加えておきたいことがある。親鸞の『歎異抄』についての見解である。

梅原さんは八十代の晩年に入ってからでも、よくこんなことをいっていた。

自分は今、第二期の著作集の刊行を終えたばかりだ。それでこのさきは第三期の著作集刊行に向けて仕事をはじめたい。

ふつうなら悠々と南山を仰いで、閑日を遊ぶ心境になっても不思議ではない年齢ではないだろうか。

ところがそんな気配は微塵《みじん》もみられなかった。隠居やリタイアなどの言葉がその口元から転がりでるようなことはなかったのである。

梅原さんの精神のマグマは、まだまだ当分のあいだ活動を停止するようにはとても見えなかった。

それで改めて思いおこす。

ブッダ＝八十年、親鸞＝九十年という二つの生涯である。仏教の生老病死はブッダの八十年の生涯と切り離して論ずることはできない。同様に、親鸞の屈折に満ちた思想もかれの九十年の苦難の生涯を抜きにしては語れないだろう。

梅原さんはこのとき、ブッダの年をすでに乗り越えて親鸞の年齢まで生き抜こうとしていた。むろんそれは、たんに生物学的な年齢を延ばそうとしていたのでないことはいうまでもない。

親鸞から数えて八代目の蓮如《れんにょ》は、八十五歳まで生きたが、八十歳になったとき、ようやく自分もブッダの年齢に達したという感慨を表白して和歌にしている。そしてさらに生き続けて八十五歳を迎えての新年、ようやく自分の寿命の尽きたことを予感して、親鸞の年齢に達しえない無念の気持を、同じように歌に託して詠んでいる。蓮如の晩年には、ブッダと親鸞の二人の人生がいつも交錯して回想されていたのではないか。

師弟関係から『歎異抄』を読む

梅原さんはこの時期、著作の中でこんなことをいっている。

まず、日本の仏教の流れを大きく俯瞰するところから始める。そしてブッダの思想がこの日本列島においてどのような発展と変容をとげたか、という。ついで日本浄土教の流れに目を近づけ、源信、法然をとりあげて、しだいに親鸞とその弟子・唯円の世界へと読者を誘っていく。

その巨視から微視への推移の中でとりわけ梅原さんが注目するのが、法然と親鸞の師弟の関係、そして親鸞と唯円の間に生じた師弟の関係である。師弟という人間の絆を通して継承されていく信仰の世界、そしてその創造的展開のあとが主要な関心の対象となっている。

おそらく、このような梅原流の方法にもとづく人間認識からくるのであろう。右に述べた二重の師弟関係の中からしだいに『歎異抄』の独自の世界が浮かび上がってくる。そして、その場面で、さきに述べた年齢の問題が中心的な課題として登場してくるのである。

その一つが、先述したように法然と親鸞の関係である。親鸞が法然の弟子になったのが建仁元年（一二〇一）、このとき親鸞二十九歳、法然六十九歳だった。両者の年の差が何と四十歳。

もう一つが親鸞と唯円の関係であるが、唯円が親鸞に出会ったのが仁治元年（一二四〇）、このとき唯円十九歳、親鸞六十八歳だった。両者の間には四十九歳の年の開きがあった。この師弟の関係において、ともに四十歳以上の年齢差があったということに注目しよう。ほとんど孫との間にみられる年の違いである。

この年齢差の問題は、『歎異抄』にあらわれる法然と親鸞の関係、そしてまた親鸞と唯円の関係を検討する上で、もしかすると重要な意味をもつのではないだろうか。

親鸞の法然に対する絶対随順の姿勢、唯円の親鸞に対する敬虔な態度を理解する上で無視できない側面であろう。梅原さんもそのことについてさり気なくふれている。

もう一つが『歎異抄』の聞書作者である唯円その人の出自をめぐる問題である。かれの思想的な根拠地といってもいいし、心理的な居場所といってもいい。これまで唯円の出自については東国の出身とする説が有力であったが、梅原さんはいろんな資料の検討を通して唯円を西国の人であったと推定している。親鸞の末娘である覚信尼《かくしんに》が再婚した相手が小野宮禅念《おのみやぜんねん》、そのかれの連れ子が唯円だったという。小野宮禅念は京都の公家の出であり、唯円はこの父の再婚の縁で親鸞と出会い、傾倒するようになった。

唯円がもしも西国は上方の人間であったということになると、これは『歎異抄』理解の上で見逃すことのできない観点になるだろう。梅原さんによると、従来、唯円は通説的には東国の人間と考えられてきたが、それは違う。かれを東国の農民の出とか武士の出であるとして、『歎異抄』がそうした東国の農民や武士の匂いのする書であるとする説があるが、しかしそこには確たる証拠はない、実証されないままにまかり通ってきた説である、といっている。

まず、唯円が最初から東国で親鸞と関係を持ったということは、年齢の点からいっても無理がある。むしろ京都において晩年の親鸞と深い関係に入ったと考えたほうが自然であるという。唯円が晩年、大和に住み、その地で死んだとの伝承とともに、かれの墓が下市《しもいち》（奈良県）の立興寺《りゅうこうじ》にのこされていることも、そのような唯円の出自の背景を暗示しているのではないだろうか。

さて、その梅原さんの『歎異抄』本文の解釈であるが、その全篇を通して、唯円は法然とも親鸞とも違ったタイプの人間だったといい切っているところが面白い。その議論が、例の第三条に出てくる「善人なをもて往生をとぐ、いはんや悪人をや」をめぐって展開されている。いわゆる親鸞における「悪人正機」説の根拠とされてきた文章である。その一節をとりあげて、そうした考え自体はたしかに法然や親鸞の思想にも内在しているパラドックスであるのだが、しかし唯円はこのパラドックスを見事に先鋭化して、激烈な言葉で語っている。

換言すれば、唯円は「親鸞のあのどす黒い情念の世界を、法然的な明晰な論理で表現しようとしているように思われる」というのである。親鸞の情念と法然の論理を、いわばアウフヘーベンしているといっているのであって、いかにも梅原さんらしい分析視点ではないだろうか。否、もしかすると、ここのところは『歎異抄』にちりばめられているその他のパラドックスの意味を明らかにする上でも急所となるポイントではないかと思う。

つぎに読んでいてハッとさせられたのが、『歎異抄』を『般若心経』と比較しながら論を展開している箇所である。

本文第五条に、これまたよく知られた一節、「親鸞は、父母の孝養のためとて、一返にても念仏まふしたることいまださふらはず」が登場する。念仏は身内のために追善供養をするような気持で行なうものではない、ということである。自力の善を捨てた念仏、阿弥陀仏にむかって開かれる最高善の念仏でなければならない。

ところがそのような信心とは対極にあるものとして、梅原さんはあえて『般若心経』の世界をとりあげて、つぎのようにいっている。――この経典は、亡くなった縁者の追善供養のために読まれてきた。つまり六道をさまよう亡者の霊にむかって、執着を捨てて成仏せよと勧める経典なのだ、と。

祖先崇拝の問題である。従来の神道や仏教はこの問題を乗り越えることができず、家族や国家の枠組みにつよく束縛されていた。家族のため国家のために仏に祈り、神に祈る。そういう性格を否定することができなかった。

しかしここに親鸞によってはじめて、家族や国家を超えた普遍的な宗教が示されている。しかもそれはすでに人間の立場すら超えているではないか。なぜなら親鸞はそこで、一切の生きとし生けるものは皆、「世々生々の父母兄弟なり」といっているからだ。『般若心経』と『歎異抄』を対比することで、親鸞の思想のエッセンスをとりだしているところがいかにも新鮮ではないか。

『歎異抄』成立の謎に迫る

最後に、梅原さんが例の善鸞《ぜんらん》義絶と称されてきた事件をどのように見ているのか、その問題にふれてみよう。

晩年、親鸞は関東の地を去り、弟子たちと別れて京都に帰っている。そのあとで東国の弟子たちの間でさまざまな教義論争が生じ、それが訴訟にまで発展する。異義・異端の発生という事態である。『歎異抄』の歎異とは、つまりこの異義・異端を歎き、正しい信心の道を指し示すということだった。その審判者の立場にみずからをおこうとしたのが唯円である。

親鸞はその東国における紛乱を調停させるためにわが子、善鸞を派遣したのであるが、かれは逆にその渦にまきこまれ、ほかの弟子たちに告発されるにいたる。親鸞はそのはざまに立って苦悩し、ついに息子の義絶に追いこまれる。善鸞義絶事件といわれるものだ。

これまでこの事件は、どちらかというと善鸞を一方的に悪者に仕立てあげる形で論評される傾向があったが、梅原さんの見方はこれとはやや異なる。それはさきにもふれたように、唯円を西国出身者、つまり親鸞の身近で薫陶をうけた人間と考えるところに発しているからだ。

梅原さんにいわせると、唯円の『歎異抄』は親鸞の近くにいて何年か生活を共にした人間でないと書けない文章ではないかという。そしてもう一つ。その文章をよく読むと、そこには関東の弟子たちを実に冷たく見ているようなところがある。唯円は東国からきた弟子たちの側にいたのではなく、親鸞の側にいて、親鸞がどういう答えをするかとハラハラしながら見ていたのではないか、とまでいっている。師の態度の堂々としたところや、その答えの見事さに、唯円は改めて親鸞に対する尊敬の気持をかき立てられ、その師の言葉を長く記憶にとどめることになったのだろう……。

なかなか興味ある推論であり、『歎異抄』成立の秘密に迫る鋭い洞察ではないだろうか。

折口信夫と三島由紀夫

梅原さんには、『日本冒険』（角川書店、一九八八）という痛快な著作がある。巻頭の目次を開いて、まずとびこんでくる文字が異界、再生、冥界、都市とつづき、ふたたび冥界―再説、となって終結している。「冒険」というのが何とも楽しいではないか。「探検」でもない、ましてや「発見」でもない。冒険してみよう、というわけである。それが「日常」の思想の見方にでてくるところがいかにも梅原さんらしい。

梅原さんはこれほどにも異界とか冥界が好きだったのか。なるほどと思うと同時に、どうしてだろうという疑念がわく。

その「異界」への旅立ちにあたって、梅原さんは折口信夫と三島由紀夫の話からはじめている。三島が『三熊野詣』という作品のなかで折口をどうみていたか、折口の人間と文学をどう批評していたか、その秘密を吟味するところから論をおこしている。やがてその議論の矛先は三島の『豊饒《ほうじょう》の海』の世界へとむけられ、この作品に象嵌《ぞうがん》されている輪廻《りんね》転生《てんしょう》のテーマがつかみだされていく。その導入部のゆったりした流れのなかで、梅原さんは、三島と折口の二つの才能を対比しながらかれらがのぞいていた暗い異界の底に降り立ち、そこにうごめくものを見定めようとしているのである。

その異界遍歴につき合っていくうちに、梅原さんが折口信夫と三島由紀夫に並々ならぬ関心を抱いているということがしだいに明らかになってくる。単に関心があるというのにとどまらない。好きで好きでたまらないという気配までがじわっと伝わってくる。その気配の背後には、動かしがたい意志のようなものが、たしかに居すわっている。

ところがまことに不思議なことに、その同じ論理の道筋のなかで梅原さんはほとんど間髪をいれずに、当の折口信夫と三島由紀夫にたいする違和の感覚をあらわにしているのである。熱くあふれる感情を惜しげもなく注ぎかけながら、いつのまにか容赦のないクールな眼差しを浴びせているといってもよいだろう。この反転はいったいどうしたことか。それはほとんど惚れた女に愛想づかしをしている行為に似ているからだ。

この反転の意味については、むろん梅原さん自身の率直な告白がある。——「三島には、やはり健康な人間である私などが到底解らぬ心の闇があり、その闇が、自らの死にすら多くのパラドックスを虚構させるのである」、という表明がそれである。そしてさらに、そのような三島の「自意識」の構造を分析して、それが折口信夫のうちにひそむ「肉体の暗い宿命」ともつながる性格のものであったといっている。

その梅原さんの分析と告白にふれて私がはからずも脳裡に蘇らせたのは、異界イメージについてのつぎのような逆対称の構図であった。すなわち折口信夫と三島由紀夫は、いわば異界から現世を訪れて、ふたたび異界に舞い戻っていくエイリアンたちであった。それにたいして梅原さんが手にしている宇宙遊泳の切符には、現世から異界を訪ねて、ふたたびこの現世に立ち戻ってくる旅程がはっきりと刻まれている。折口信夫の『死者の書』や三島由紀夫の『豊饒の海』という作品は、異界からこの地上にむけて打ちこまれたメモリアル・ポールであった。

だがそれにたいして、梅原さんのこの『日本冒険』は、この世と異界のあいだにくりひろげられる一種のこの世への蘇生譚《そせいたん》として構想されている。現世と異界を繫留《けいりゅう》する精神のベクトルが、両者において逆転しているといってよいだろう。その逆対応の内面の構図が、折口・三島にたいする梅原さんの違和と親和のアンビバレンツをひきおこす動因になっているにちがいない。折口と三島にたいする愛想づかしにも似た評価の「反転」もまた、そこに起因する。

梅原猛という日輪が夏至点《げしてん》（現世）から冬至点《とうじてん》（異界）への軌跡を描いて大空を航行していくとき、折口信夫または三島由紀夫という月輪ははるか彼方の冬至点からこの世の夏至点にむけて幽暗の空中をゆっくり漂ってくる。その二つの天体が宙空のどこかで遭遇するとき、突如としてエネルギーの膨張と収縮がおこって火花が散らされる。だが、この一瞬のドラマはたちまち闇のなかにかき消えて、日輪はふたたびもう一つの冬至点を求めて孤独な旅をつづけていくほかはない。

ピラミッドとそれをとりまく「異界」

以前私はカイロに旅して、あのスフィンクスを見物にでかけたことがある。ラクダの背にのったり、スフィンクスの膝《ひざ》もとによじのぼったりして、軽薄にはしゃぎ廻っていた。ネクロポリス（死の都）のちょうど臍《へそ》のあたりに立っていたのだが、古代エジプト人の壮大な輪廻転生の観念にとり憑かれるということもないままに、ただ呆然《ぼうぜん》としていた。

突然、案内に立った知人が、ピラミッドにのぼろうといいだした。かれはエジプトのカイロに十年の歳月を過しており、しばしばそこにのぼるのだという。夜、ピラミッドのてっぺんで酒を飲み、頭上に輝く月をふり仰ぐときの感興はたとえようがない。——その言葉に惹《ひ》き寄せられるようにして、私は知人の尻《しり》にくっついてピラミッドの壁面にとりつくことになった。

なるほど、そこには勝手につくられたいくつかの登攀《とうはん》ルートがあるらしく、くねくねしながらもちゃんと足場らしいものがつくられ、それが頂上までつづいている。中腹あたりから風が吹きだし、下界に目をやると立ちくらみが襲ってくる。這いつくばるようにして頂上にたどりついたとき、恐怖と歓喜の感情がふきあげてきて、ほとんど声にならなかったことを覚えている。

私はせっかくピラミッドの頂上に到達しながら、両眼は痙攣でもおこしたように低い地上にむけられ、なすところなく砂漠を見下ろしていた。頭上にひろがる天空の奥を巨視することをあきらめ、せまく限定された地上の一部をたんに微視していたにすぎなかったのである。

梅原さんが最後に航行しようとめざしている世界が、そのエジプトだった。「孤独な日輪」が悠然と揺曳《ようえい》していく空間が、ピラミッドとそれをとりまく「異界」である。梅原さんはそこで、後世にのこされたピラミッド・テキスト、コフィン・テキスト、そしてパピルス文書の読解を手がかりにして冥界下りをはじめるのである。言葉の迷路に踏みこみ、「死者の書」の背面に果敢な想像力をすべりこませ、そうして最後にその薄明の「死」の貯蔵庫の底から太陽の復活と生命の横溢《おういつ》をのぞきみようとする。このとき舞台は急激に転換して、冥界脱出の精神的錬金術がはじまるのだといってよいだろう。

その冥界下りと冥界脱出にかんする梅原式錬金術の輪郭は、パピルス文書『生活に疲れた者の魂との対話』(紀元前十九世紀)を読解するなかで、しだいに鮮明に浮上してくる。そしてその全体をしめくくるようにして、梅原さんはつぎのようにいう。

私はこの不思議な『生活に疲れた者の魂との対話』という文章をかなり強引に

私の方に引き付けて解釈した。私はこれを日本の古代信仰や中世の浄土思想を鍵として理解した。これはエジプト学者、いわゆるこの道の専門家の人たちにたいしては許されるべきことではあるまい。しかし仏教が中国に入って来た時、中国の人々が、それを彼らの従来持っていた道教という信仰をもとに理解したように、また西洋思想が日本に入って来た時、日本人が、それまでの儒教思想や仏教をもとにして、その新しい思想を理解したように、今、四千余年前のエジプトの思想を理解しようとする時、私は、あえて日本の民俗学や日本の仏教をもってそれを理解しようとする。それにしても、この古代エジプトの思想と日本の古い思想はあまりにも似てはいないだろうか。私はこの類似に驚くのである。……普通の死に方をした人々は、西方に行き再びこの世に生まれて来ることが出来るという思想が、そこには含まれているのであろう。ここに私は、アイヌや沖縄、あるいは古代日本や親鸞の信仰などに表われたのと同じ思想を見るのである。こういう「死・復活」の思想こそ、ピラミッドを作らせた思想なのであろう。

(『日本冒険』第二巻)

ここには梅原さんの率直な思いが語られている。専門家の解釈にたいして、「強引に私の方に引き付け」た理解の位相が自覚的に提示されているからである。この言葉は一面では謙虚な自己限定のようにみえるだろう。しかしながら他面では一種の居直りとも受けとられる意志をたたえている。

だが私は、事柄の本質はそういうところにはないと思う。梅原さんがここで主張しようとしている眼目は、第一に、エジプトの思想を四千年、五千年のタイムスパンのなかで考えようとしているということだ。四千年前のエジプトの思想をそれとして問題にしようとしているのではない。五千年前の歴史的もしくは観念的な事象に光をあて、その部分をクローズアップさせようというのではない。そうではなくて、四千年、五千年という時間の流れのなかで、エジプトの全体の意味を考えようとしているということである。

同様にして梅原さんはエジプトという、オリエントの一画を占める地域をそれとして検討しようとしているのでもない。そこでは限定された地理的文明圏の抽出といったようなことがめざされているわけではない。そうではなくて、日本や中国やインドへとつづく地下茎をかいくぐって、そこからエジプトの本質を掘削しようとしているのである。日本冒険者の「冥界下り」というテーマが、こうしてそこに大胆不敵な像を結ぶことになるといってよいだろう。

梅原さんの学問的核心は、ピラミッドとそれをとりまく砂漠の文化地理的紋様を微視するところには、おそらく存在していない。その学問的な嗜好《しこう》と野心は、むしろ「冥界」の底から地上をふり仰ぎ、観念上の天空遊泳のなかで地球の時間を巨視するところにこそむけられていたのではないだろうか。

この世の夏至点からあの世の冬至点へと漕《こ》ぎだされたこの日本冒険者の活動には、この世を去ってもなお、いまだに停止する気配がまったく感じられないのだ。それどころかその孤独な日輪は、これまでとまったく同じスピードとリズムで、わき目もふらずに新たな冥界への軌道を突きすすんでいるにちがいない。

その結果、いったいどのような果実を手にして、ふたたびわれわれの住む夏至点へと帰還してくるのだろうか。健康なオデッセウスの手土産が、楽しみである。

あとがき

河合隼雄さんが逝ってからもう一六年が経つ。梅原猛さんがこの世を去ってからでも四年の歳月が流れている。棟方志功や土門拳となると、もうずっと過去の人のようにみえる。

私は棟方志功や土門拳と直接会う機会はなかったが、これからは梅原さんも河合さんもそのような過去の人になっていくのだろうか。

私は昨年、卒寿という歳の区切りを越えたが、思い返すと、還暦や古稀を越えたとき、そのような区切りや垣根を意識することはなかった。ほとんど新幹線の「のぞみ」に乗っているようで、あっというまに通り過ぎていった。

それにくらべると米寿とか卒寿とかいわれると、かつての還暦とか古稀の場合とは打って変り、むしろ銀河鉄道の各駅停車に乗って、ゆっくり周囲の景色を楽しみながら旅をしている気分になっていた。時間がゆるやかに流れ、過ぎていったはずの光景が何ともなつかしく蘇ってくる。梅原さんや河合さんの立居振舞いが棟方志功や土門拳のシルエットと重なり合い、たがいに対話している姿までがみえてきた。それがまた私の心のうちに不思議な元気を誘いだし、思いもしなかった恍惚感に包まれるようになっていたのである。

こんどの仕事をつなげていく上では、じつに多くの方々のご支援をいただくことができた。関係する組織や機関の方々をはじめ、とりわけ編集部の宇和川準一さんにはいつもと同じ懇切なご高配をいただいたのは幸いだった。また、編集、校正の面では金澤智之さんのご尽力を賜ることができた。最後に、本書をすばらしい装幀で飾って下さった重実生哉さんに心からお礼を申しあげたい。

ほんとうに、ありがとうございました。

二〇二三年四月一日

山折哲雄

初出一覧

棟方志功　板を彫る
原題「究極の「師殺し」――棟方志功と柳宗悦」（『教えること、裏切られること――師弟関係の本質』所収、講談社現代新書、二〇〇三、絶版）に加筆

土門拳　闇を撮る
原題「レンズと一体化した土門拳の肉眼」（『土門拳の古寺巡礼』所収、クレヴィス、二〇一一年）、「見上げられた聖地」（『日本名建築写真選集1　室生寺（撮影土門拳）』所収、新潮社、一九九二）に加筆

河合隼雄　夢を生きる
「夢と空」『イマーゴ』臨時増刊所収、一九九一年一一月と、書き下ろし

梅原猛　歴史を天翔ける
原題「梅原猛さんの世界」（『梅原猛先生追悼集　天翔ける心』所収、国際日本文化研究センター、二〇二〇）に増補・加筆

山折哲雄（やまおり・てつお）

1931年生まれ。東北大学文学部卒業、同大学院文学研究科博士課程単位取得退学。宗教学者。国立歴史民俗博物館教授、京都造形芸術大学大学院長、国際日本文化研究センター所長などを歴任。2002年『愛欲の精神史』で和辻哲郎文化賞、10年瑞宝中綬章、南方熊楠賞受賞。20年京都市文化功労者。主な著書に『仏教とは何か』『こころの作法』『法然と親鸞』『能を考える』『勿体なや祖師は紙衣の九十年　大谷句仏』『老いと孤独の作法』など多数。

わが忘《わす》れえぬ人《ひと》びと

――縄文《じょうもん》の鬼《おに》、都《みやこ》の妖怪《ようかい》に会《あ》いに行《い》く

2023年5月25日　初版発行

著　者　山折哲雄《やまおりてつお》

発行者　安部順一

発行所　中央公論新社

〒100-8152　東京都千代田区大手町1-7-1
電話　販売　03-5299-1730　編集　03-5299-1740
URL https://www.chuko.co.jp/

DTP　今井明子
印　刷　図書印刷
製　本　大口製本印刷

Published by CHUOKORON-SHINSHA, INC.
Printed in Japan　ISBN978-4-12-005658-1 C0095

好評既刊

悪と往生

親鸞を裏切る『歎異抄』

山折哲雄 著

親鸞の教えと『歎異抄』の間には絶対的な距離がある。この距離の意味を考えない限り、「悪人」の救済という課題は解けない。著者の親鸞理解の到達点。

中公文庫

好評既刊

中空構造日本の深層

河合隼雄著

日本人の心の深層を解明するモデルとして古事記神話における中空・均衡構造を提示し、西欧型構造と対比させ、その特質を論究する。解説・吉田敦彦

好評既刊

地獄の思想

日本精神の一系譜

梅原　猛著

生の暗さを凝視する地獄の思想が、人間への深い洞察と生命への真摯な態度を教え、日本人の魂の深みを形成した。日本文学分析の名著。解説・小潟昭夫

中公文庫